优 秀 学 生 课 外 必 读 丛 书

优秀学生

越玩越聪明的288个

智力游戏

徐井才◎主编

北京出版集团公司
北京教育出版社

图书在版编目(CIP)数据

优秀学生越玩越聪明的288个智力游戏/徐井才主编. —北京:北京教育出版社,2012.9

(优秀学生课外必读丛书)

ISBN 978-7-5522-1140-5

Ⅰ.①优… Ⅱ.①徐… Ⅲ.①智力游戏-少儿读物 Ⅳ.①G898.2

中国版本图书馆CIP数据核字(2012)第222442号

优秀学生越玩越聪明的288个智力游戏

徐井才 主编

*

北京出版集团公司
北京教育出版社 出版

(北京北三环中路6号)

邮政编码:100120

网址:www.bph.com.cn

北京出版集团公司总发行

全国各地书店经销

永清县晔盛亚胶印有限公司印刷

*

710×1000 16开本 13印张 166000字

2012年9月第1版 2012年9月第1次印刷

ISBN 978-7-5522-1140-5

定价:25.80元

质量监督电话:(010)51222113 58572750 58572393

第一部分 观察类智力游戏

第二部分 想象类智力游戏

第三部分　判断类智力游戏

第四部分　记忆类智力游戏

第五部分　分析类智力游戏

第六部分 推理类智力游戏

第七部分 另类智力游戏

游戏
开始啦

第一部分

观察类智力游戏

本课从世界100所名校学生常做的观察类益智游戏中，选取最经典的游戏题目，通过游戏使孩子的观察能力以及抽象思维得到进一步的提高。中国学生能够在这些游戏中体会到很大的乐趣，同时提高自己的观察能力，启发自己的思维。

最牢固的门

看下图，A、B、C、D是4扇木质门框，哪一扇门的结构最牢固呢？为什么？

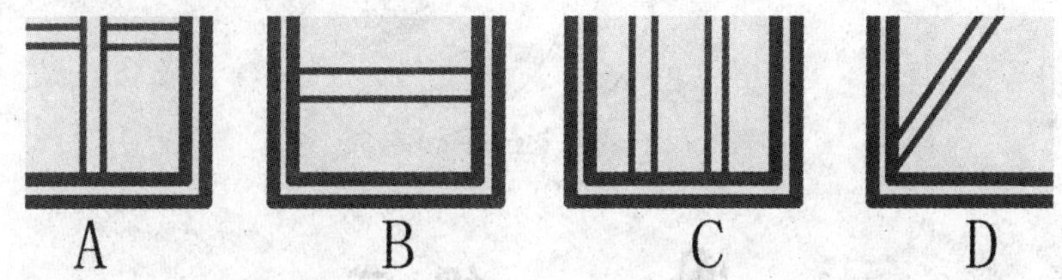

正确答案为D。因为三角形的3条边确定后，它的形状不容易改变，而D正是由两个三角形组成的。

六分月牙

两条直线可以把状若月牙的图形分为6个部分。你来试试看吧。

图形组成

A、B、C、D四个图形分别是由上面的1～4中某几个图形组成的，请你说出A、B、C、D四个图形分别是由哪几个图形组成的？

谁的路短

一座小城有许多纵横交错的街巷。A、B两人要从甲处出发步行到乙处，A认为沿城边走路程短些，B认为在城里穿街走巷路短。你认为他俩谁走的路程短些？

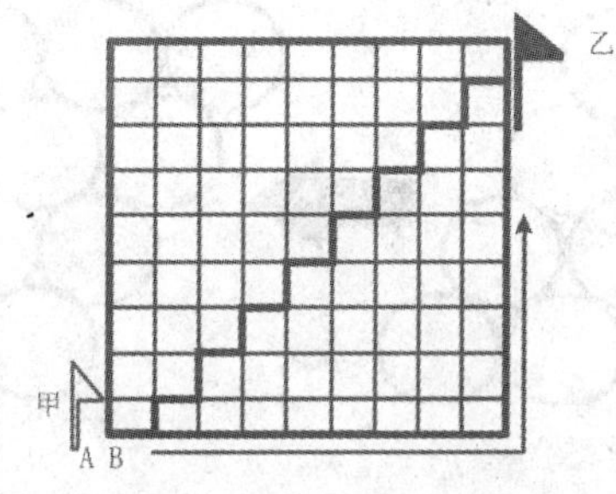

图形知多少

观察下面三幅图形，分别数出：

图1中有多少个梯形？

图2中有多少个正方形？

图3中有多少个矩形？

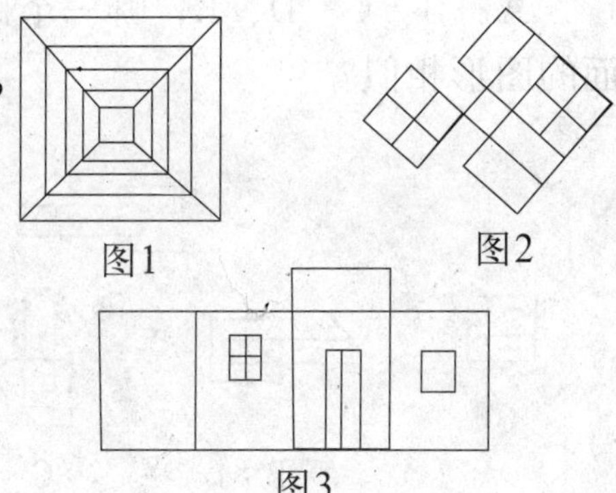

图1　图2　图3

上下颠倒

由10个圆圈排成一个三角形，你能否只移动其中的3个圆圈，就让该三角形上下颠倒呢？

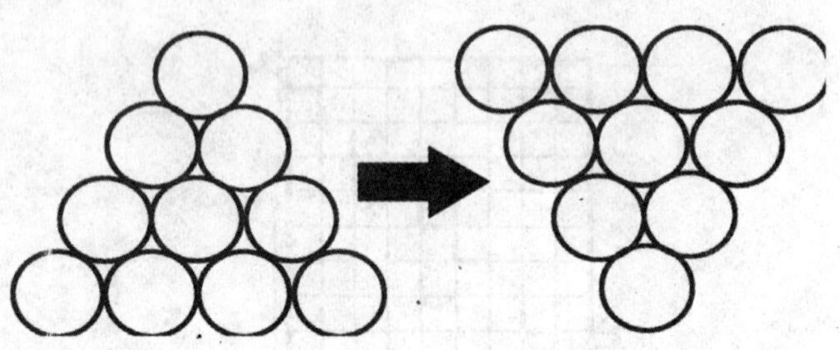

相似图形

A、B、C、D、E，哪一个图中需加一条直线就与最上面的图形相似？

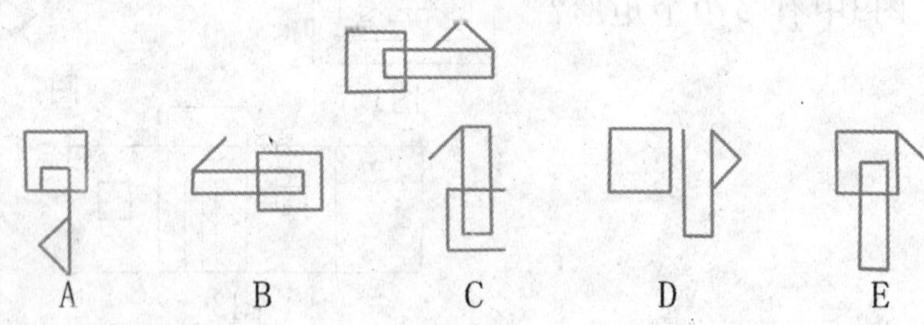

隐藏的数字

下列数字中隐藏着两个数，其中一个是另一个的两倍，两个数相加的和为10743。这两个数分别是什么？

不存在的正方形

在这张图的中间，你是否看到一个并不存在的正方形？将这4个星星用4条直线连起来，直线不能穿过圆圈的是线段，而且第4条线的尾巴要接上第一条线的起头。

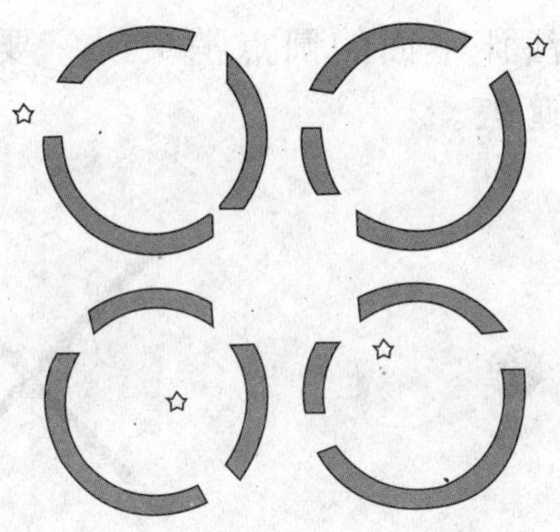

辨别表针

下面4个钟的时针和分针的长短差不多，不仔细看可分辨不出来。你能看出哪根是分针，哪根是时针吗？

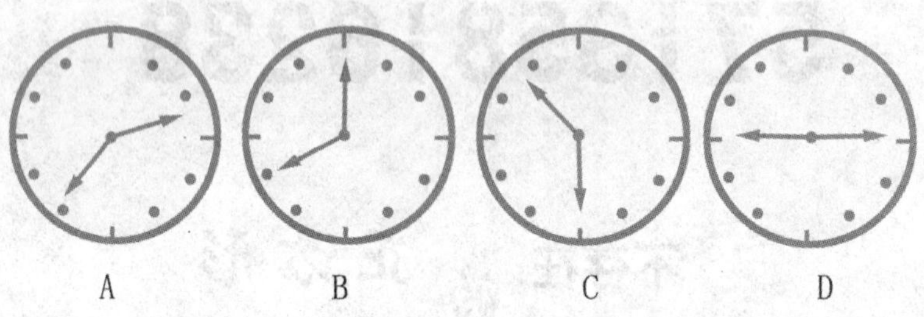

消失的圆点

你能想办法让下面的圆点消失吗？要求不要用手，也不要用工具遮盖。

补缺口 

请你仔细观察积木的缺口形状，如图，在A～F的小积木中哪一块正好能嵌入积木？

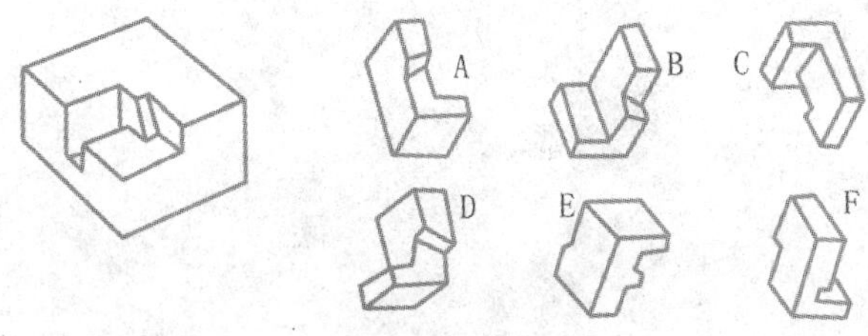

相同的立方体

下面的图形和右面5个图形中的哪一个相同？

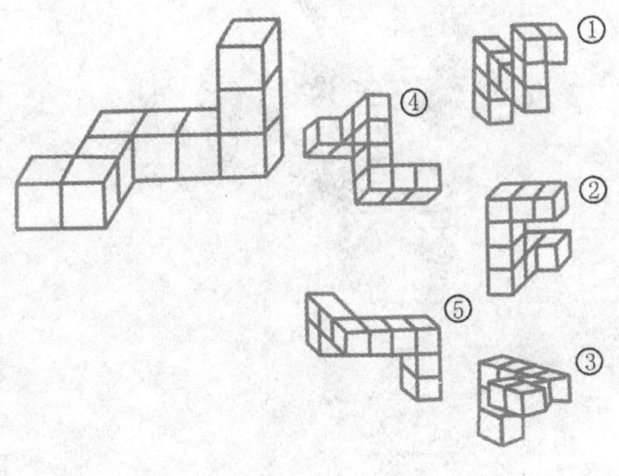

完全吻合的图形

A、B、C、D、E、F中哪一个与带问号的图形完全吻合？

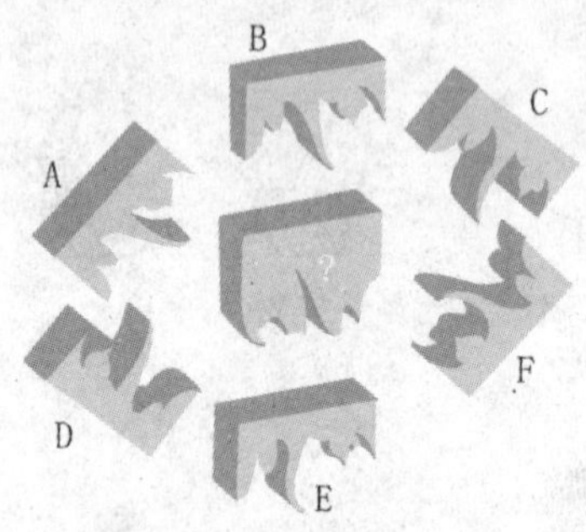

上升还是下降

如果黑色箭头向上拉，底下吊着的梨是上升还是下降？

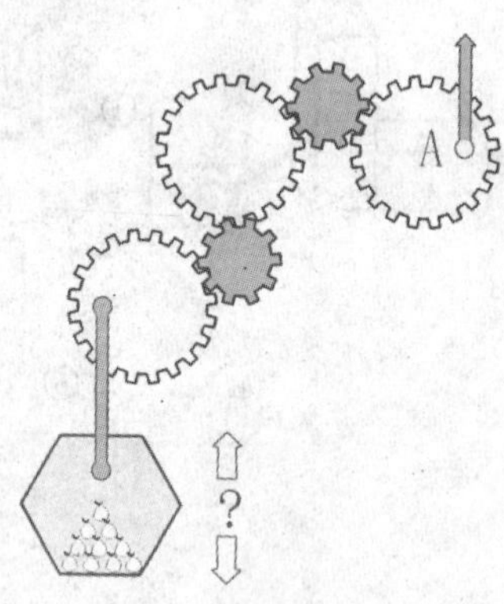

黑白字母

依照下图的逻辑，说说Z应该是黑色还是白色？

A	F	K	P	U
B	G	L	Q	V
C	H	M	R	W
D	I	N	S	X
E	J	O	T	Y

Z

划分数字

将下图分成形状、面积相同的四份，使每份上各数相加的和相等。

8	3	6	5
3	1	2	1
4	5	4	2
1	7	3	9

找出不同

下面有6组图案，每组图案中都有一个图案与其他图案略有不同，找出这些图案。

(1) a b c d e f g

(2) a b c d e f g

(3) a b c d e f g

(4) a b c d e f g

(5) a b c d e f g

(6) a b c d e f g

判断图形

仔细观察下面四幅图形，依据图形规律，选出适合的第五幅图形。

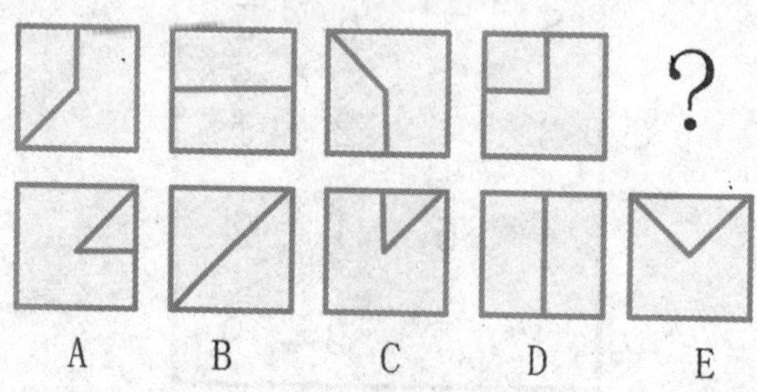

图形识别

依据图形变化规律找出第四幅图形。

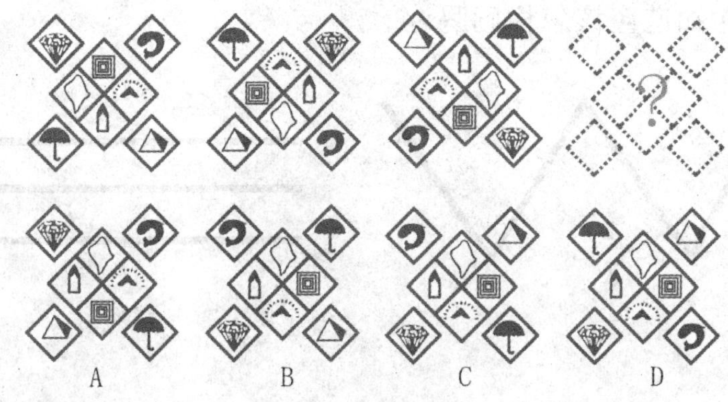

拼图

你能用17块面积相同的正方形黑纸块在一张白纸上拼出一个正方形的“口”字吗？（注意纸块不能重叠）

变成三角形

在字母“W”上画三条直线，使得三角形的数量最多，你知道应该怎样画吗？

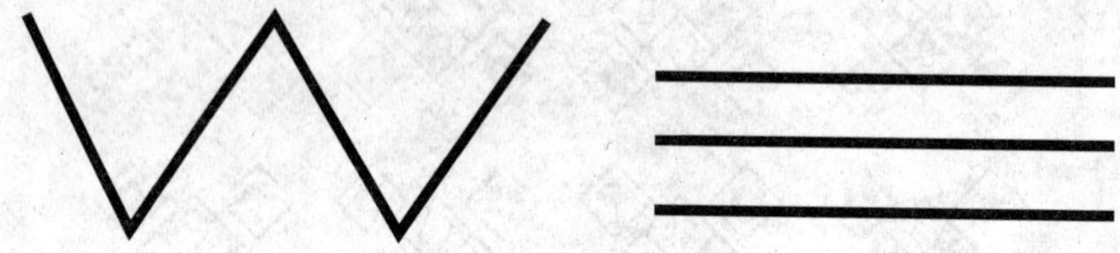

上下颠倒

由10个圆圈排成一个三角形，你能否只移动其中的3个，就让三角形上下颠倒呢？

最牢固的门

看下图，A、B、C、D是4扇木质门框，哪一扇门的结构最牢固呢？为什么？

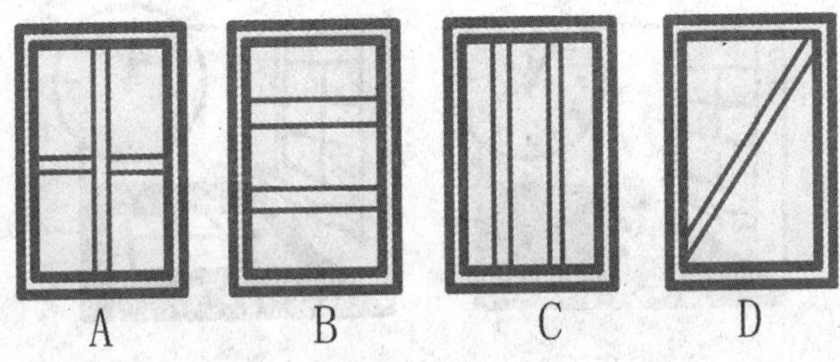

相同图形

仔细观察下面的图，数一数图中有多少个相同的图形。

辨别季节

下面这两幅图，你能区别哪一幅是夏天，哪一幅是冬天吗？

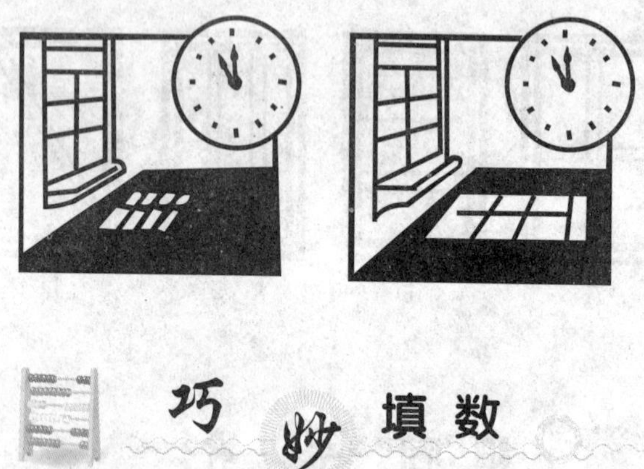

巧妙填数

如图，这是智慧王国里的数字城堡，你只有将3～29这27个数填进适当空格中，使1～30每相邻两个数所在的方格之间始终保持等距（等距即两个方格中心点间的距离相等）才可能进城堡挖掘宝藏，你该怎么填呢？

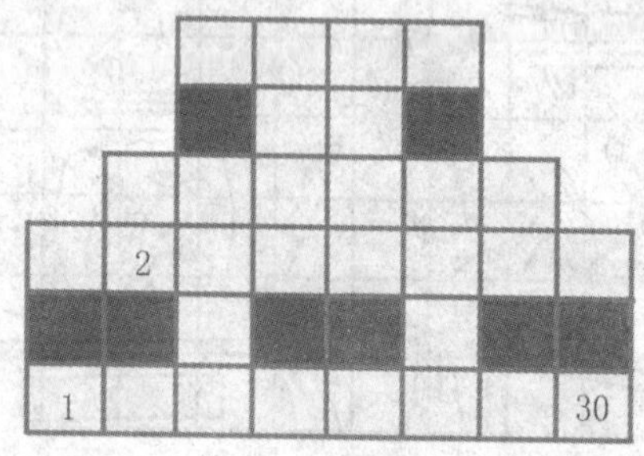

去掉正方形

用40根火柴组成一个有16个方格的大正方形，大小加起来共30个正方形。能不能移去9根火柴，使正方形完全不存在？

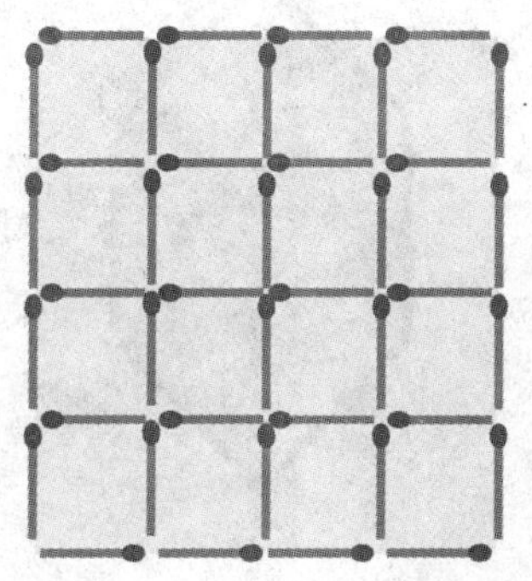

不同的方框

找出下面图形中与众不同的一个。

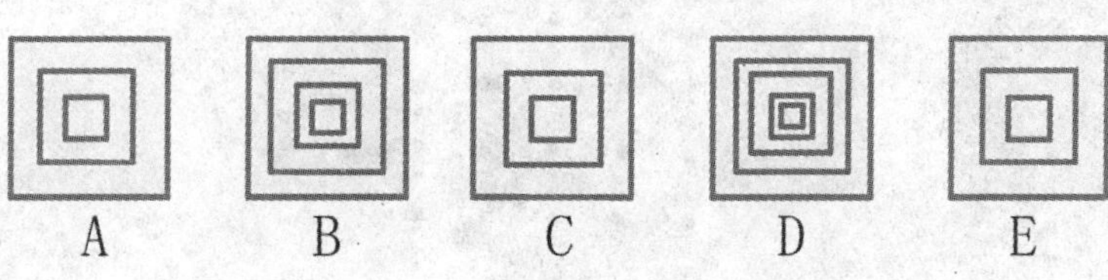

添加六边形

先用12根火柴摆一个正六边形，再用18根火柴在里面摆6个相等的小六边形，你知道是怎么摆的吗？

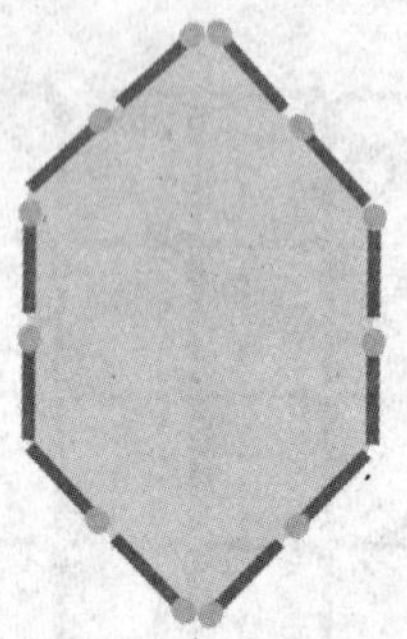

画出正方形

如图所示，25个点整齐排列，连接其中一些点可以画出正方形。那么，到底能够画出多少个面积不等的正方形呢？

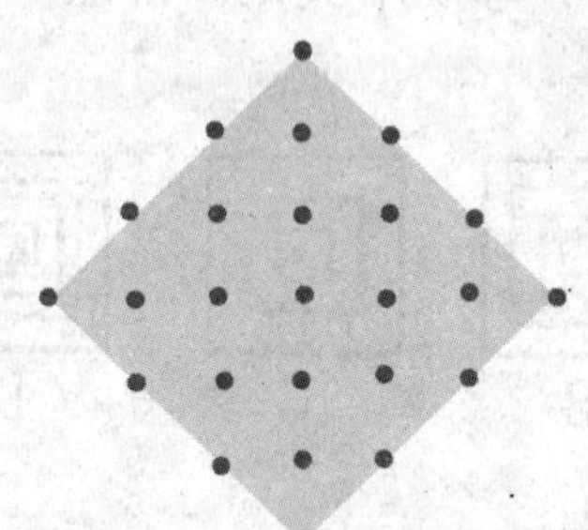

最长的围栏

一块田地，ABCD四人一起分每人19棵卷心菜，四人都用围栏将其分得的卷心菜围起，看看谁的围栏最长。

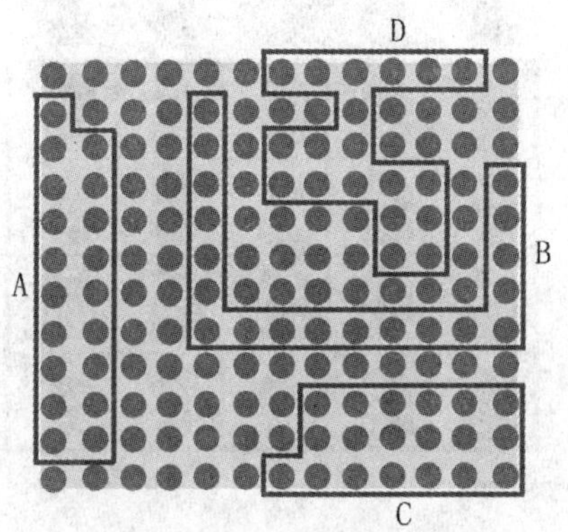

巧拼图形

下面这6个图形虽然形状各异，但将它们各剪一刀后各自都能拼成一个正方形。你会做吗？

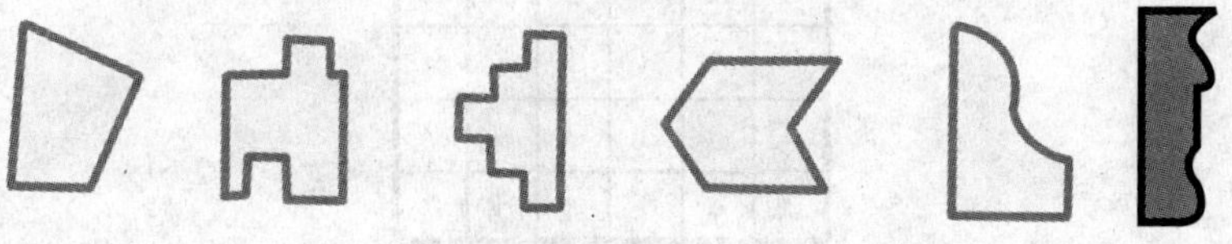

填入数字

如下图所示，你知道表格中的两个问号处各应填入什么数字吗？

A	B	C	D	E
6	2	0	4	6
7	2	1	6	8
5	4	2	3	7
8	2	?	7	?

划掉a

纵横都为六格的网格中有36个a。你能不能划掉12个a，使得未划掉的a在纵、横每行的数目都相等？

a	a	a	a	a	a
a	a	a	a	a	a
a	a	a	a	a	a
a	a	a	a	a	a
a	a	a	a	a	a
a	a	a	a	a	a

同一立方体

同一种图案不可能在两个及以上的立方体表面上同时出现。看一看，下面哪个图不属于同一立方体？

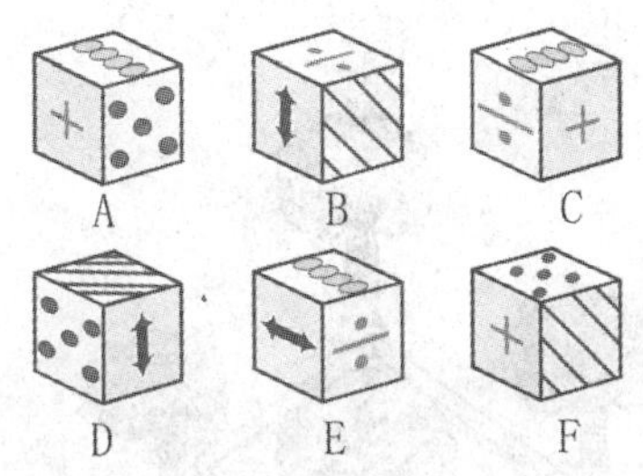

问号图形

仔细观察前面三幅图，然后思考可以取代问号位置的图形应该是A、B、C、D中的哪一个？

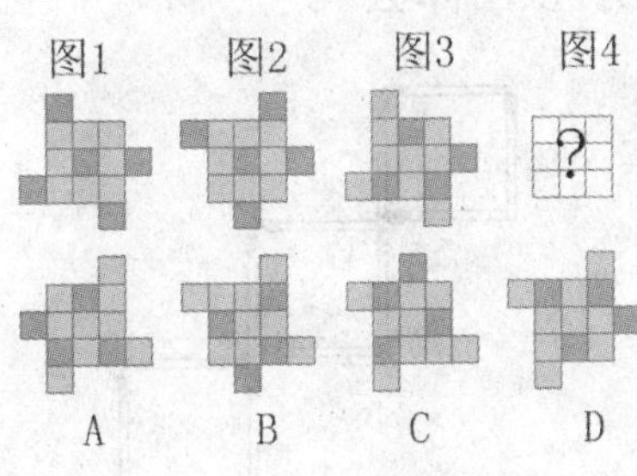

扩大池塘

查理家有一个正方形池塘，池塘四个角上，栽着四棵杨树。要是把池塘的面积增大一倍，但是其形状仍然保持为正方形，且不能移动杨树的位置，请问：你有什么好办法吗？

摆正方形

谁都会用12根火柴摆出3个正方形，但分别用11根、10根火柴摆出3个正方形，你会吗？

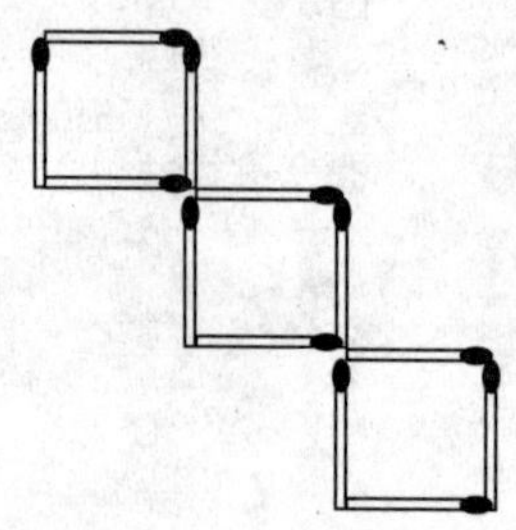

等腰梯形

如果你用30根火柴组成9个小梯形，而且让这9个小梯形组成一个等腰梯形，你能做到吗？

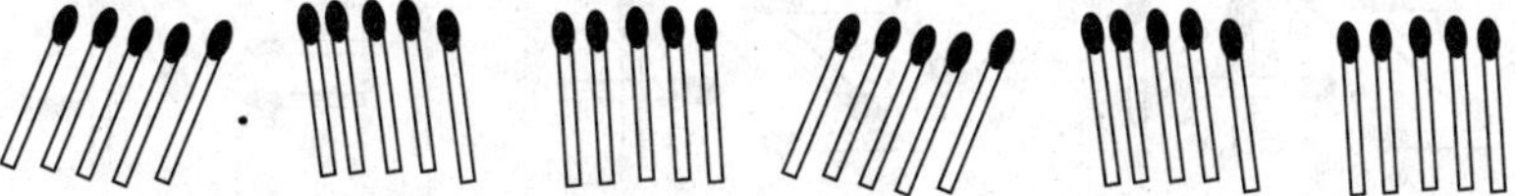

等式变换

下面是一道两步的算式，你能移动其中一根火柴，让这个两步的等式变成一个一步的等式吗？

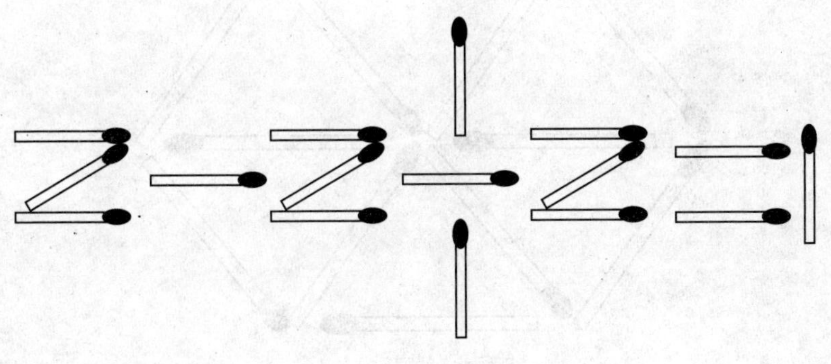

变等式

玛丽动了哪一根火柴，使得原先成立的等式变成这个样子呢？请摆出原先成立的等式。

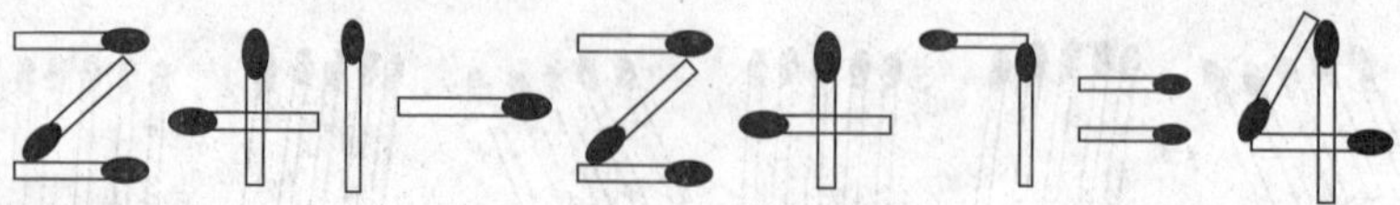

越变越少

在一个用12根火柴组成6个三角形的图形中，你能用14根火柴，使得图中的正三角形个数分别为7、6、5吗？

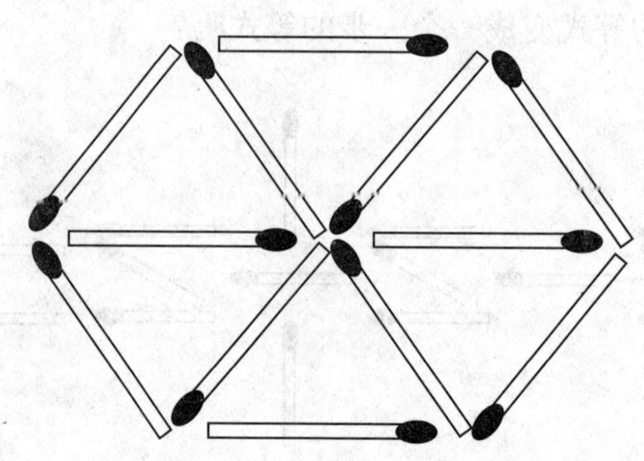

巧变正方形

下面是用20根火柴组成的5个正方形，怎样移动其中的8根，让它变成由7个正方形组成的图案？

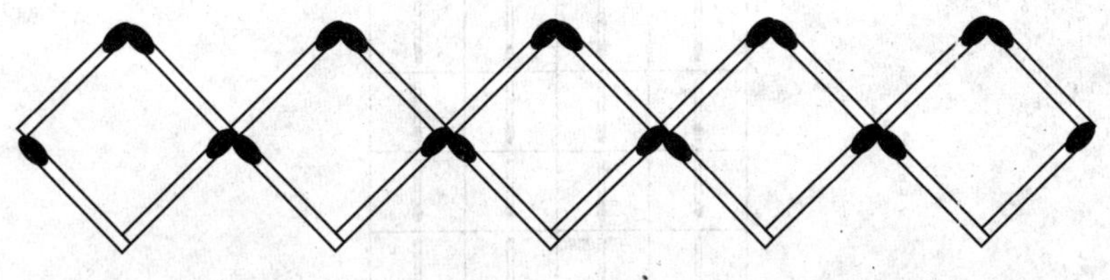

重摆图形

用12根火柴再拼一个图形，使它的面积是这个图形面积的3倍。

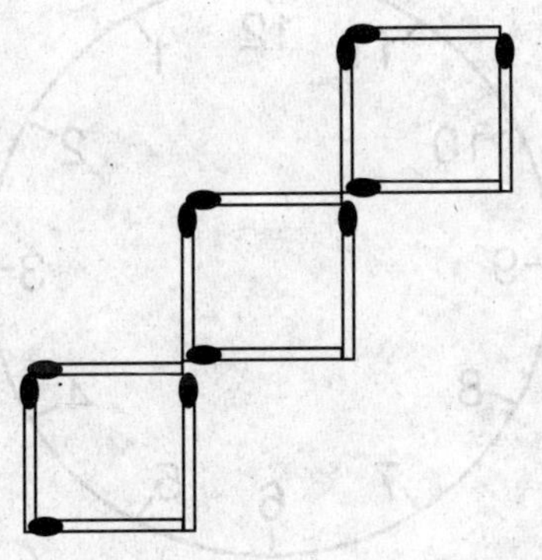

方格内的偶数游戏

在下图中的16个方格内，各有1根火柴，现在从中拿走6根，使得每行、每列的排列数仍然是偶数，你能做到吗？

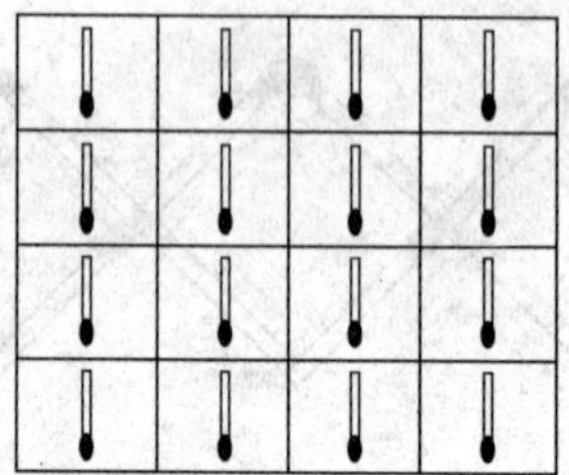

怎样切

请把下面这个表盘图形切成六块，使每块中的数加起来都相等。

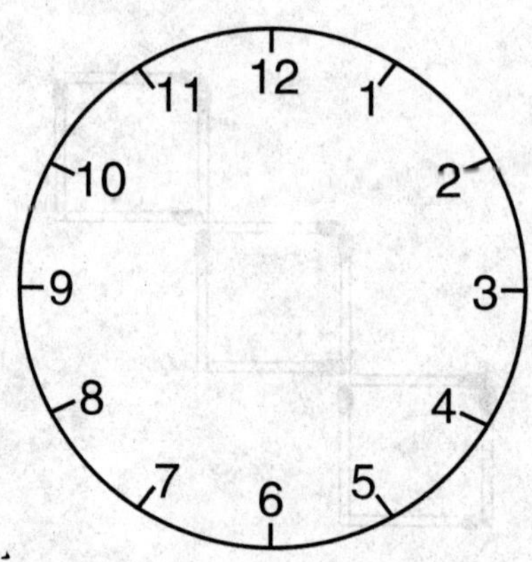

慧眼认星

仔细观察图1，从图2中迅速找出图形发生了什么变化，并用彩笔把它改正过来。

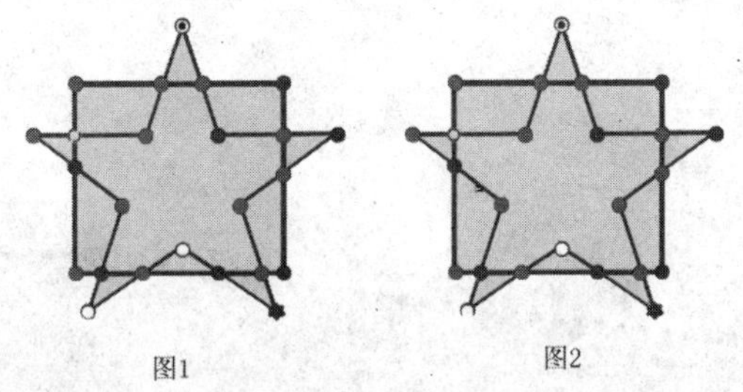

画图案

图中有九个图案，请你根据已画出的六个图案的变化规律画出其他的三个。

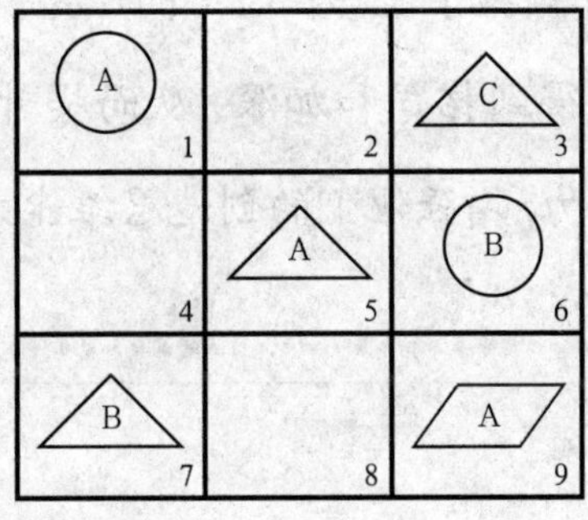

第二部分

想象类智力游戏

本课从世界100所名校学生常做的想象类益智游戏题目中，精选出一部分最典型、最能启发学生发散思维的题目，这些题目能够激发学生的想象能力、创新思维能力，让中国孩子能够在思维的广度和深度上进一步得到拓宽和加深，从而提升他们的创新能力，增强他们的创造思维能力。

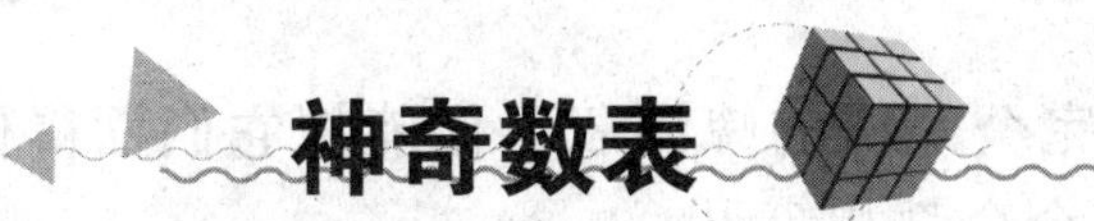

神奇数表

汤姆画了五张表，表如下所示。然后对哈利说："你心里想一个数，这个数不能超过31。并请你指出，你想的这个数，都在哪个表中有，那么我就知道你想的数是多少。"

哈利想了想后说："我想了一个数，在表A、B、D中有这个数，你说我想的是什么？"汤姆看了看表。随口说出："这个数是11。"哈利说："对啊！这个表你是怎么制出来的呢？"

1	9	17	25
3	11	19	27
5	13	21	29
7	15	23	31

A

2	10	18	26
3	11	19	27
6	14	22	30
2	15	23	31

B

4	12	20	28
5	13	21	29
6	14	22	30
7	15	23	31

C

8	12	24	28
9	13	25	29
10	14	26	30
11	15	27	31

D

16	20	24	28
17	21	25	29
18	22	26	30
19	23	27	31

E

汤姆说，他想的数在A、B和D表中有，而这些表的左上角的数分别是1、2、8，将这三个数加起来，就是哈利心中想的数。

巧摆瓶子

有4个完全一样的啤酒瓶，你能把它们摆得使4个瓶口之间的距离个个都相等吗？

害怕年轻

什么东西年纪越轻则越旧？

巧打绳结

有一条绳子，请用你的右手拿着绳子的一端，左手拿着绳子的另一端，两只手都不准放开绳子，把这条绳子打个结。请问:你能做到吗?

巧画直线

有九个三角形，摆成如下图所示方式，请你用一笔画出四条直线，把所有的“△”都划掉。

羊有几只

小明对小牛说："你给我一只羊，那样的话，我的羊就是你的两倍。"

小牛说："最好是你给我一只羊，那样的话，我和你的羊就一样多了。"请问；他们各有多少只羊？

奇怪的算式

在什么情况下7+8=3？

特色序列

请在下面的□内填入适当的数字，使数列成立。

A．2　3　5　7　11　□　……

B．3　6　10　□　21　……

C．1　8　3　4　□　2　……

D．2　□　10　12　13　……

消失的箱子

小白要和妈妈出远门。走之前，妈妈从家门口数了30步，挖个坑，把木箱埋了下去。小白从家门口数了10步，把自己的小木箱也埋到了地下。第二天妈妈带着小白走了。

过了4年，他们又回到了家，房子还在。妈妈数了30步，挖出了大木箱。小白数了10步，挖呀挖呀，怎么也挖不到小木箱，他着急了！他换了个地方挖下去，一下子就挖出了小木箱。你猜为什么？

图形转换

观察图形，找出变化规律，选出转换后的图形。

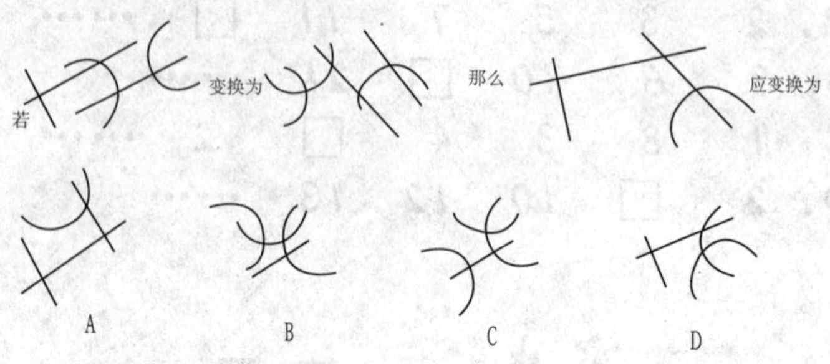

巧排杯子

10只杯子排成一排，左边5只盛满水，右边5只空着，请你在只动4只杯子的条件下，使10只杯子变成满杯与空杯相间排列。如果只动2只杯子，你还能使它们相互间隔吗？

尽职的士兵

某国的国王在检阅部队时询问士兵："假如我亲自下命令要你们对我开枪，你们会执行命令吗？"

几乎所有的士兵都回答："会！因为士兵的天职就是执行命令。"只有一个士兵高声喊道："不，我不能！"

"啊，我的孩子，"国王很高兴地喊道，"我终于发现了一个懂得国王生命价值的士兵！"接着他问这个士兵："你为什么不对我开枪？"

是啊，那个士兵为什么不开枪呢？你能猜出他是如何回答的吗？

瞬间移动

地上有一个面积约2平方米的东西，小明只用了1秒钟就把这个东西移动了。这是什么东西？

入睡秘诀

一个人躺在旅馆的床上翻来覆去无法入睡，他起身给隔壁房间打了个电话，什么也没说，然后挂了电话就睡着了，这是怎么回事呢？

凶手是谁

玛丽发现梅思和汤米死在了地板上，感到十分伤心。在尸体旁边有一些碎玻璃，地毯湿乎乎的，两人都没有穿衣服。你知道凶手是谁吗？

巧推数字

充分发挥你的想象力，推算出下一行的数字是什么？

1
1 1
2 1
1 2 1 1
1 1 1 2 2 1
3 1 2 2 1 1
1 3 1 1 2 2 2 1
1 1 1 3 2 1 3 2 1 1

说了什么

国王对王子说："这儿有一块鱼，假如你猜出是什么鱼就给你吃。用什么手段都可以，不过有一条，就是不许问鱼的名字。"

王子猜不出是什么鱼，但他说了一句话，使国王不得不让他吃鱼。猜一猜王子说了什么话。

连接断桥

不弯折或剪开这张纸，你能把这断桥接起来吗？

走不完的线

在西天取经的路上，机灵的悟空常捉弄八戒。一次，他对八戒说：“我在几秒钟内画出一条线，你要花几天才能走完，信不信？”八戒不信。悟空画出一条线，八戒果然走了好几天才算走完。你知道这到底是怎么回事吗？

奇怪的家庭

有两个家庭，家人都在身边，爸爸可以马上面对每个家人，但家人之间却很难面面相对。这到底是什么样的家庭呢？

死亡率最高

下面这幅图是一个大城市闹市区的地图，由于管理混乱，这里的犯罪率居高不下，交通事故频发。现在，请你根据这幅图，判断一下A、B、C、D、E、F、G、H、I哪个地区死亡率最高？

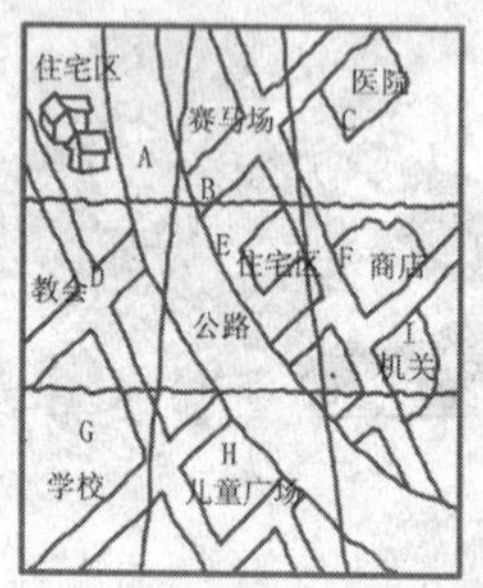

怎样看到脸

两个人一个脸朝东，一个脸朝西。两个人都不准回头、不准走动、不准照镜子，那么两人怎样才能看到对方的脸部呢？

快速印字

有一枚一元硬币，画家要以作版画的方法，把油墨涂在硬币上，朝白纸压上10秒钟，并在10秒内印出的数字超过了100个。画家究竟是怎么办到的呢？

掉落的花盆

在一栋大楼上，先后掉下来两个花盆，第二个花盆落地时的速度是第一个的四倍。第一个花盆是从二楼掉下来的，那么第二个花盆是从几楼掉下来的呢？

相映成趣

220和284是一对相亲相爱的数字，表示：“你中有我，我中有你。”你能看出其中的奥妙吗？

举动反常

两名铁路工人正在检修铁轨，这时一辆特快列车向他们迎面高速驶来。火车司机没有注意到他们正在路轨上工作，因此来不及减速了。但奇怪的是这两名工人却沿着特快列车所在的铁轨朝列车迎面跑去。这是为什么？

喝汽水

一瓶汽水1元钱，喝完后两个空瓶还可以再换一瓶汽水。假如你有20元钱，那么，你最多能喝多少瓶汽水？

哥哥的生日

小刚和小强是对双胞胎，今年小强刚好过了第八个生日，但是小刚今年才过了第二个生日。那么，你能算出他们的生日吗？

最快的工具

世界上有一个东西，它可以以每小时2000千米的速度载着人飞驰，但从来不用给它加任何燃料。你知道它是什么吗？

识别图形

如图所示的图形序列中，接下来应该是什么图形呢？

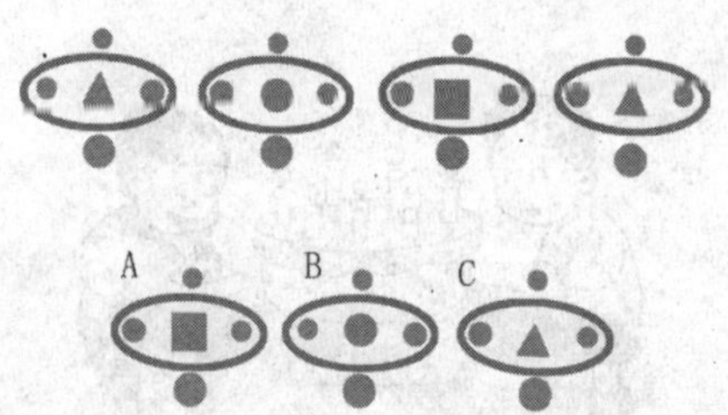

折叠图形

想想看，把A图案折成一个立方体，能够折成B、C、D、E、F五个选项中的哪三个图形呢？

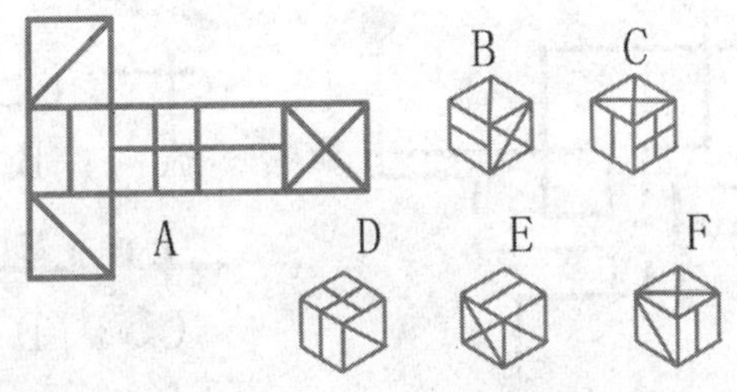

填充表格

运用第一个表格的逻辑，完成第二个不完整的表格。

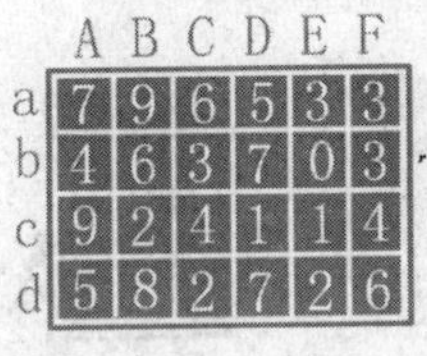

	A	B	C	D	E	F
a	7	9	6	5	3	3
b	4	6	3	7	0	3
c	9	2	4	1	1	4
d	5	8	2	7	2	6

7	7	5	6	1	9
4	9	6	6	0	0
3	5	1	9	0	6
8	9	4	6	?	?

连通电路

哪个部件能将下面这个电路连通？

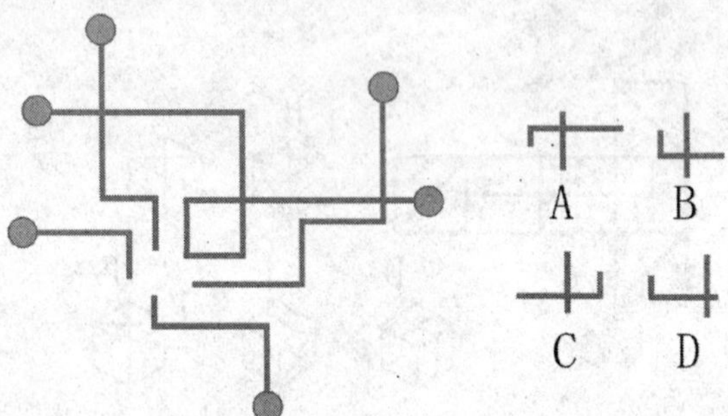

找相同

在下面的六幅图中哪两幅是一模一样的呢？

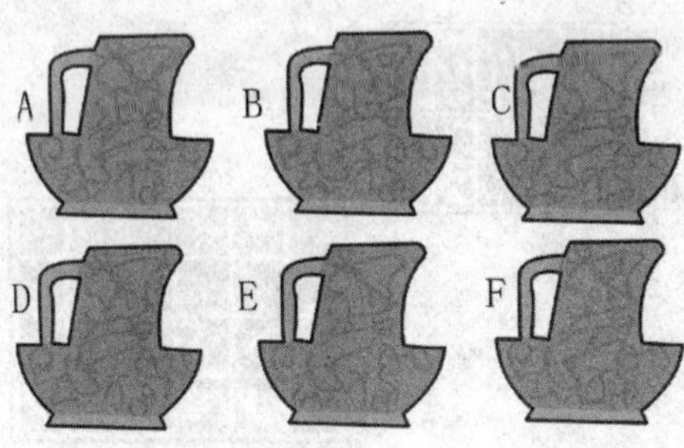

圆柱体

如果你将这个图形卷成一个圆柱体，那么哪一个选项将会与这个圆柱相像呢？

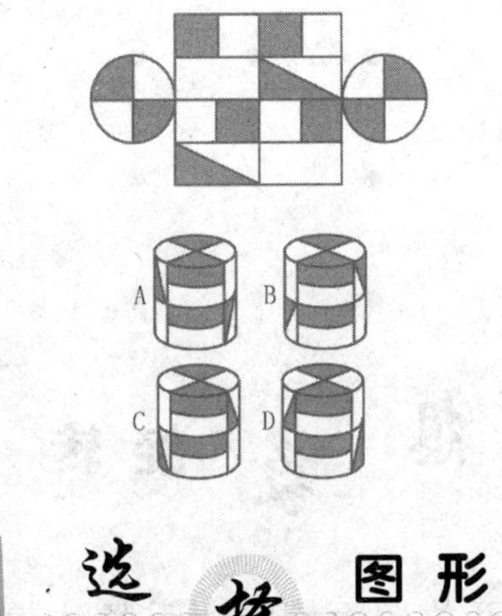

选择图形

按照这个顺序，接下来的图形是选项中的哪一个？

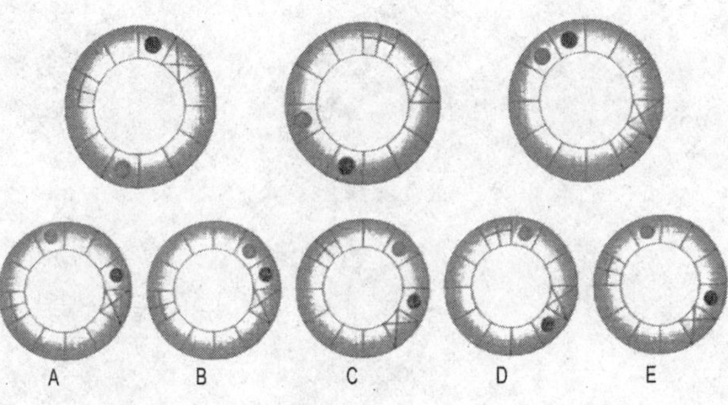

九点相连

依照下图画出9个点，请开动脑筋，只用4条相接的线段(一笔)，将9个点连接起来。

想象旋转

如图所示，两枚同面值的硬币紧贴在一起。硬币B固定不动，硬币A的边缘紧贴B，A围绕着B旋转。当A围绕着B旋转一周回到原来的位置时，它围绕着自己的中心旋转了几个360度？

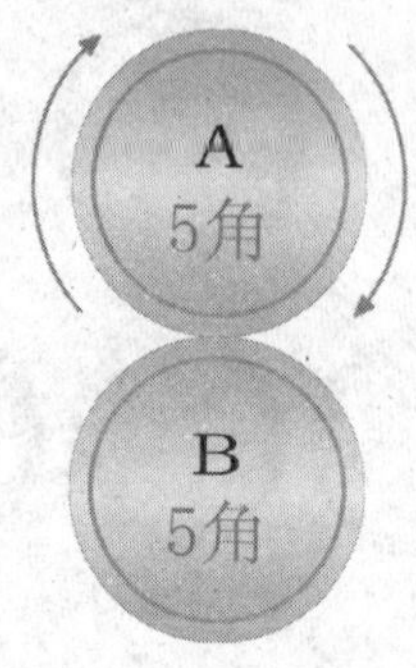

巧分“工”字

下图的“工”字是由面积相等的小方块组成的，怎样把它切分成4个面积和形状都相同的部分？

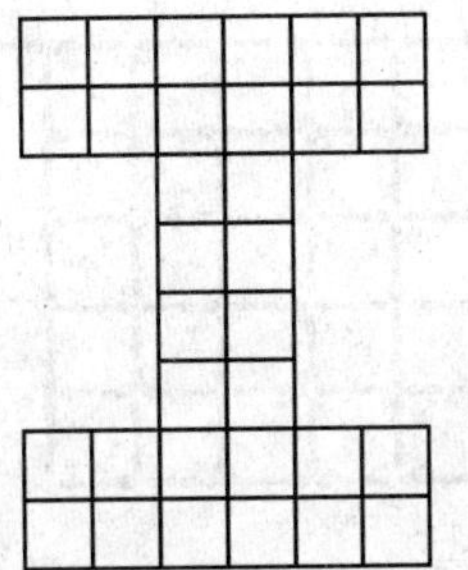

改建球门

用14根火柴可搭成一间由3个四边形和2个正三角形组成的房子。现在给你9根火柴，让你摆出一个球门，应该怎样摆呢？

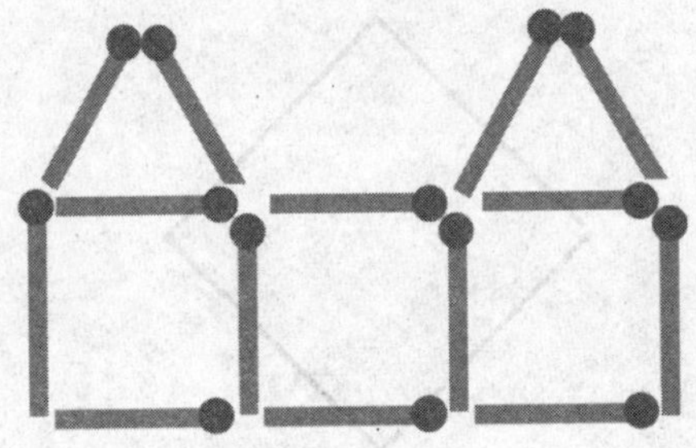

道路畅通

从A走到B，只能沿着火柴头方向前进，下图是走不通的。如果可以调转若干火柴的方向，使道路通畅，那么最少要移动几根火柴？

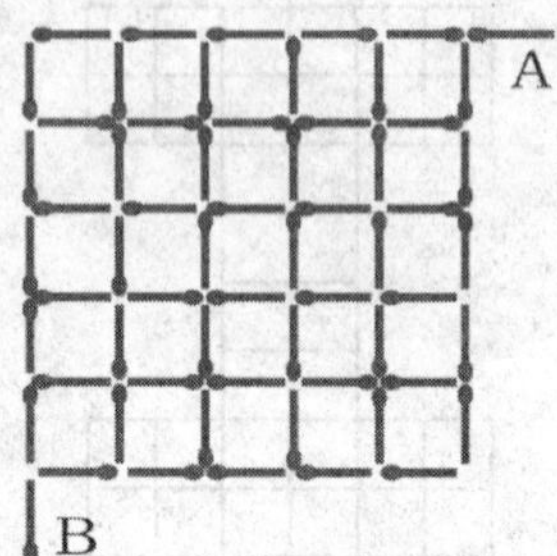

神枪手

下图是一块正方形硬纸板，在没有把它折叠的情况下，小斌开了一枪，只用了一颗子弹就打中了它的4条边。如果你也是神枪手，你能做到吗？

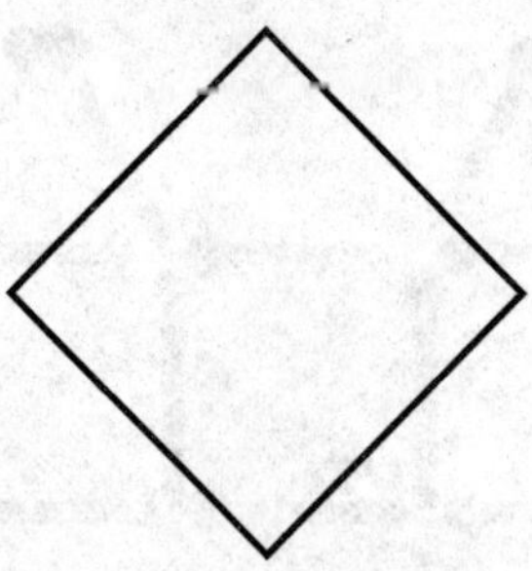

两条鱼

想办法从白色和黑色的两个三角形中各剪下相同形状和大小的一块，相互交换位置贴上去，使这个图形看上去真的像两条鱼。你应该怎么做呢？

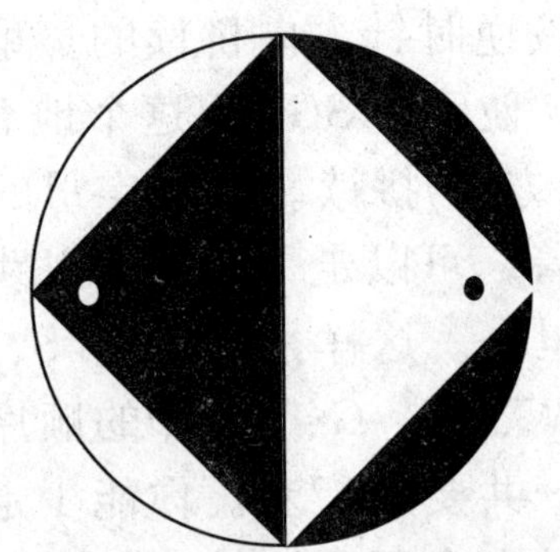

画轨迹

把轮子放在一个平面上（如下图），使轮子在平面上滚动，轮子边缘有一个黑点，请你画出黑点在轮子滚动时形成的轨迹。

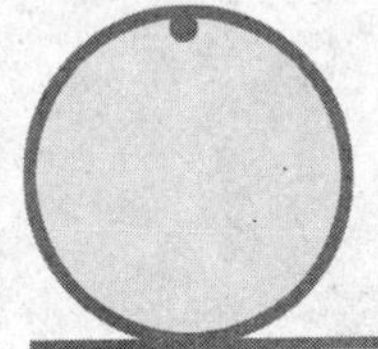

移字母

如下图所示：有8个圆圈，其中7个圆圈上面依次标着字母G、L、A、S、G、O、W，连起来读做“格拉斯哥”，这是苏格兰西南部一个城市的名字。按照现在的排列，这个地名是按逆时针方向拼读的。解题的要求是，每次移动一个字母，使GLASGOW这个地名最后可以按照正确的方向(顺时针方向)拼读。移动字母的规则是：如果旁边有一个圆圈空着，可以走一步；可以跳过一个字母走到它旁边的空圆圈里去。这样，按照L、S、O、G、A、G、W、A、G、S、W、A、G、S、O的顺序移动字母，就可以达到目的。但一共要走17步。你能少走几步来实现上述目标吗？这个词从哪个圆圈开始读都可以，只要是顺时针方向就行。

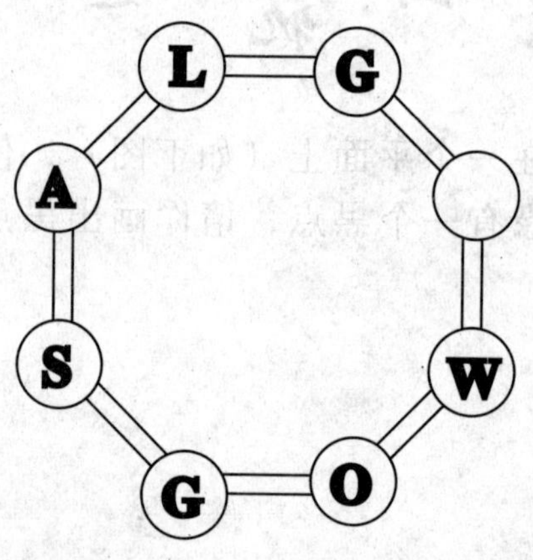

租房的问题

有一家三口要去另外一个城市工作，他们要在那个城市租住，但是那个城市游客特别多，所以一时找不到房子。这天，他们总算找到了一间价格合理、条件不错的房子。但是当他们要租住的时候，房东却告诉他们，这房子不租给带着孩子的用户。丈夫和妻子听了，一时不知如何是好，于是，他们默默地走开了。这时他们的孩子对房东说了一句话，房东听了之后，高声地笑了起来，并把房子租给了他们。你能猜出这个孩子说了什么话吗？

第三部分

判断类智力游戏

本课从世界100所名校学生常做的判断类益智游戏题目中，精选出一部分最典型、最能启发学生思维的题目，这些题目能够使孩子的分析、想象能力以及逻辑思考能力得到有效的锻炼，能保证中国的孩子有效地提升自己的判断能力。

体积会增加多少

冰融化成水后，它的体积减少$\frac{1}{12}$，那么当水再结成冰后，它的体积会增加多少呢？

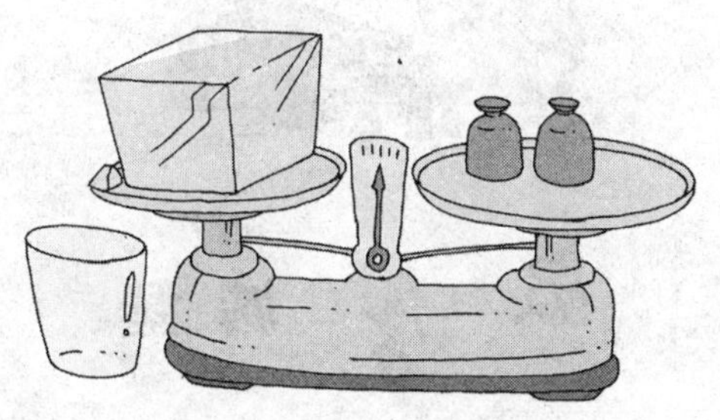

$\frac{1}{11}$。假设有12 ml的冰，冰融化后变成水，体积减少$\frac{1}{12}$，就剩下11 ml的水。当水再结成冰时，则又会变成12 ml的冰，对水而言，正好增加了$\frac{1}{11}$。

杂志页数

你从一份杂志中发现，第8页和第21页在同一张纸上，根据这个，你能否判断出这份杂志共有几页？

数字城堡

在下面这个数字城堡中填入1～16这些数字，使城堡中的横、竖、对角线、中间4个数以及角上4个数之和均为34，并且每个数字只能出现一次。你能做到吗？

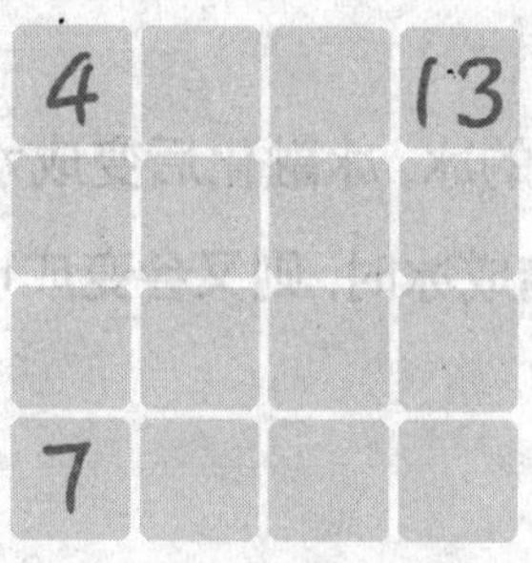

错误变正确

62−63=1是个错误的等式，能不能移动一个数字符号使得等式成为正确的等式？应该怎么移动？

字母数值

图中是一个字母算式。目前只知道A比C小两倍，而且都不等于0，那么A、B、C的数值分别是多少？

$$\begin{array}{r} A\ B\ A \\ +\ A\ A\ B \\ \hline B\ C\ C \end{array}$$

转动的轮子

如果1号轮顺时针转动，那么6号轮如何转动？

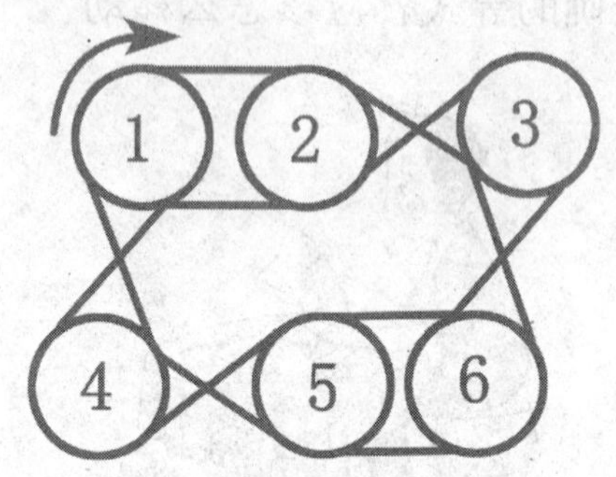

足球

请问：一个标准足球有多少个正五边形、多少个正六边形？

玩具总价

每种玩具都代表一个数，图中的数字表示该行和该列所示数的和，你能把未知的总数算出来吗？

	22	12	18	16	?
16	[鸭子]	[球]	[球]	[球]	[鸭子]
19	[鸭子]	[风车]	[鸭子]	[风车]	[熊]
17	[鸭子]	[球]	[风车]	[鸭子]	[熊]
16	[鸭子]	[熊]	[鸭子]	[球]	[蝴蝶]
?	[球]	[蝴蝶]	[球]	[蝴蝶]	[熊]

射弹速度

飞机在天空飞行，向前、向后射出子弹，或者垂直丢下炸弹，哪个更快到达地面？

最大的数

用3个9所能写出的最大的数是什么？

买铁钉

小新带4枚硬币去商店买铁钉，铁钉的单价有1分、2分、3分……1角。他可以买其中任意一根铁钉都不用售货员找零钱。你知道小新带的是哪几枚硬币吗？

分果汁

7个满杯的果汁、7个半杯的果汁和7个空杯，平均分给3个人，该怎么分？

变出正方形

如图是用24根火柴棒排成的一大一小两个正方形，移动火柴使其变成3个正方形。你会吗？

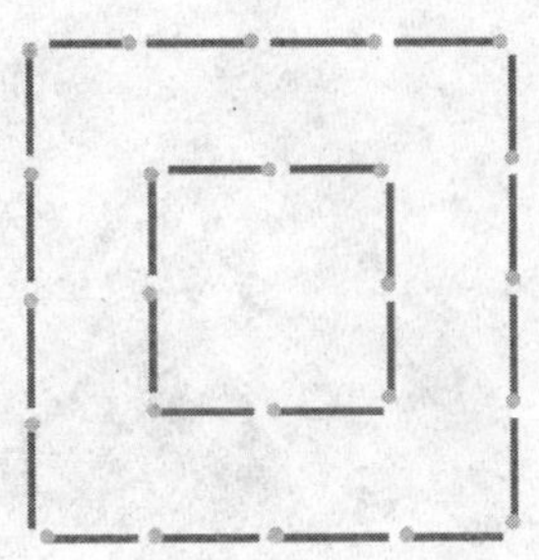

制作模型

用1张长方形的纸，你能制作一个如下图所示的纸模型吗？可以在纸上剪3个直线切口，但纸模型不能用胶粘，也不能用曲别针固定。

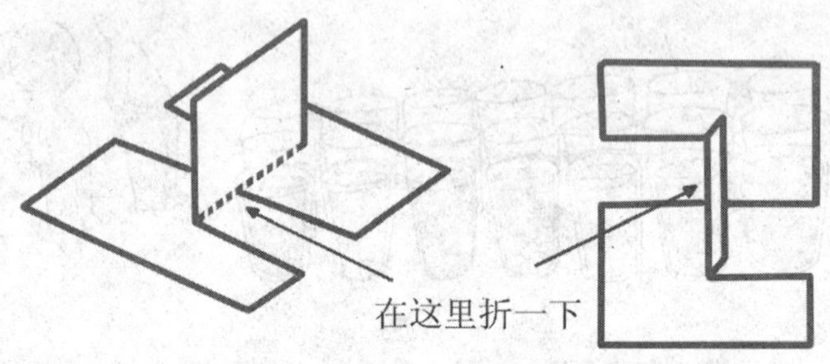

数字金字塔

观察金字塔中数字的摆放规律，求A、B、C的值。

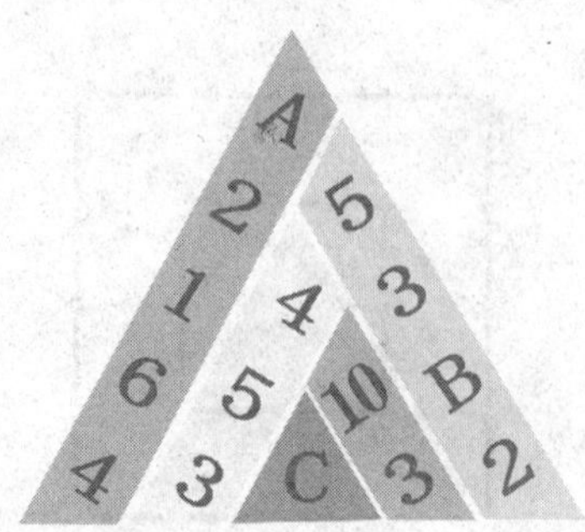

吃 鱼

3只猫吃了7条鱼，白猫吃的鱼数是黑猫所吃鱼数的一半，花猫吃的鱼数是黑猫所吃鱼数的一倍。那么，黑、白、花猫各吃了多少条鱼？

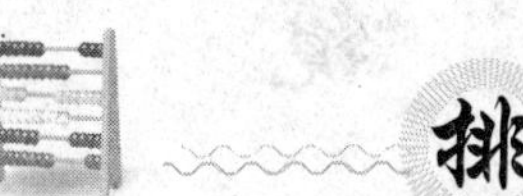

排 队

10个人要站成5排，每排要有4个人，怎么站？

安全降落

在海拔1500米的高空，从一架盘旋的直升机上跳下一个人，他没有带降落伞，但是这个人落地后，表现得若无其事，你知道这是怎么回事吗？

放大镜

用一只可以放大2倍的放大镜去看一个30°的角，看到的角是多少度？要用可以放大10倍的放大镜看这个角呢？

物品数量

有100名女士，其中82名有黑色手提包，65名穿蓝色的鞋，68名带雨伞，93名戴戒指，最少有多少女士同时拥有以上四样物品？

不能跨过的圆珠笔

如果让你把一根很普通的圆珠笔放在地上，但让任何人都没办法从上面跨过去，你会怎么做？

玩麻将

有四个人一起玩麻将，他们一共玩了1个小时，那么，每人各玩了多长时间？

区别字母

在字母A、Z、M、S、F、X、Y、U中，如果让你选出一个与其他不同的，你会选择哪一个？

数行人

有两个人花了一个小时在数他们面前的行人，其中一个人坐在家门口，另一个人则在人行道上走来走去。那么，谁数的行人会多些？

刀切豆腐

有一块正方体状的豆腐，一刀切去一部分，那么，剩下的豆腐可能有几个面？

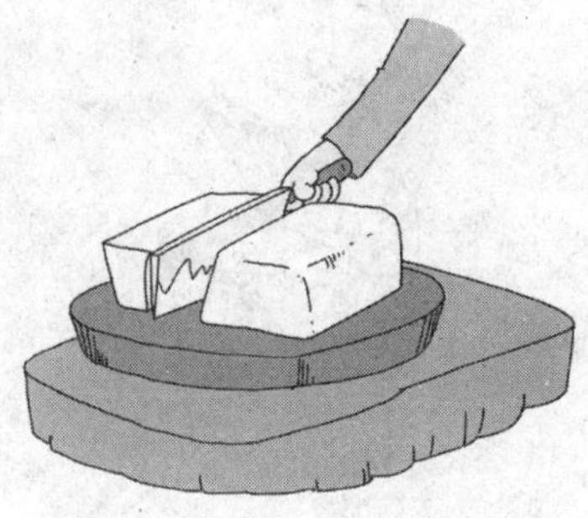

释放犯人

有一个女犯人刑满释放，但是要出狱的却是一男一女两个人，这可把门卫搞糊涂了。但是他又接到上级通知，准许两个人出狱，你知道这是为什么吗？

难写的文章

大多数人可以写得出来，偏偏畅销作家写不出来的文章，那是什么？

翻转茶杯

三个茶杯全部杯口朝上。规定必须两个茶杯一起翻转。请问：必须翻几次才能使三个茶杯全部杯口朝下？

摘掉帽子

孙先生的头上有一个伤疤，所以他终年戴着顶帽子，而且很少在别人面前把帽子摘下来，但是，每当他去见一个人时，他总是乖乖地摘下帽子，你知道这人是谁吗？

判断数目

小王把蜘蛛和蚊子放在一个瓶子里，过了一会儿，发现一共有48条腿。那么，你能判断出蜘蛛和蚊子各有多少只吗？

水杯中的水壶

汤姆往玻璃杯中倒开水的时候，不小心把壶塞掉到玻璃杯中去了，这时玻璃杯中有一半的水，壶塞停在贴近杯壁的地方。在不去碰玻璃杯和水壶塞的情况下，有没有什么方法可以让水壶塞停在玻璃杯的中央？

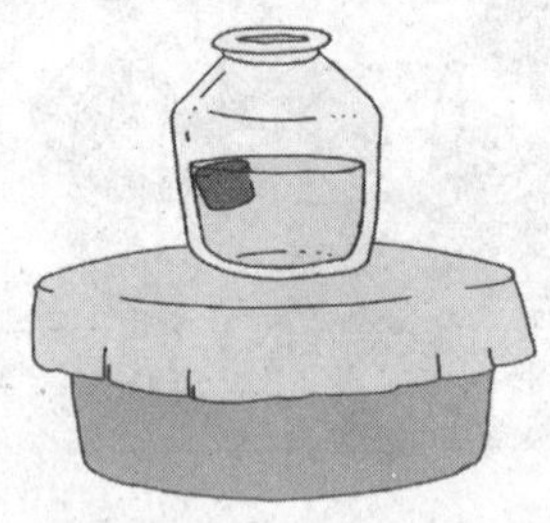

钟表报时

在钟表整点报时的时候，有时针和分针在一条直线上，有时两针并在一起，有时两针成直角，那么，这时候分别是什么时间？

抢救名画

如果卢浮宫失火了，而且火势很大，你是里面的一名工作人员，只能抢救一幅画，那么，你会选择抢救其中的哪一幅？

第三长河

世界第一长河是尼罗河，世界第二长河是亚马逊河，我国的长江是世界第三长河，那么在长江没有被测量长度时，哪条河是世界第三长河？

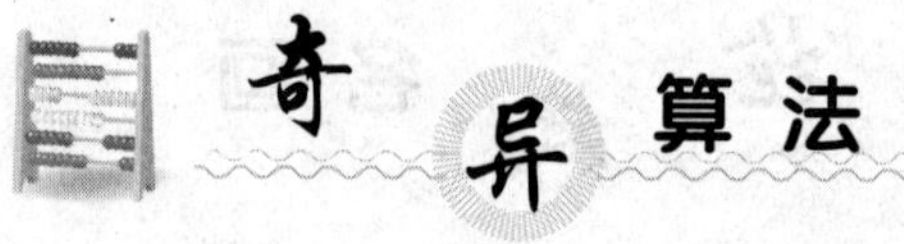

奇异算法

你能想到在什么情况下，7加9可以等于4吗？

写字

如果用毛笔写数字，每写一个数字符号（0、1、2、3、4、5、6、7、8、9共十个）需蘸一次墨水，那么要把0～15的各个数字连续写完，总共需蘸多少次墨水？

安全行车

据交通部门统计，大多数汽车发生事故都是在中速行驶的时候，很少有事故发生在高速行车时，那么，这是否可以表明，高速行车比中速行车更安全？

谁击中了杀手

亨利先生身边有A、B、C、D、E、F、G、H8个保镖。一次，有个杀手谋杀亨利先生未遂，正在逃跑的时候，8个保镖都开枪了，杀手被其中一人的子弹击中了，但不知道是谁击中的，下面是他们的谈话：

A："可能是H或F击中的。"

B："如果这颗子弹正好击中杀手的头部，那么是我击中的。"

C："我可以断定是G击中的。"

D："即使这颗子弹正好击中杀手的头部，也不可能是B击中的。"

E："A猜错了。"

F："不是我也不是H击中的。"

G："不是C击中的。"

H："A没有猜错。"

事实上，8个保镖中有三个人猜对了。你知道是谁击中了杀手吗？假如有五个人猜对，那么又是谁击中了杀手呢？

举动反常

两名铁路工人正在检修铁轨，这时一辆特快列车向他们迎面高速驶来。火车司机没有注意到他们正在路轨上工作，因此来不及减速了。但奇怪的是这两名工人却沿着特快列车所在的铁轨朝列车迎面跑去。这是为什么？

三个路标

有一位很久没有回家的中年人迷了路，找了很久后，他找到了新的路线。这条路线要经过A、B、C三个城市。

他在A城市发现一个路标，上面写着：“到B城市40公里，到C城市70公里”。于是他继续走，等他到达B城市时，发现另外一个路标，上面写着：“到A城市20公里，到C城市30公里”。他困惑不解，当他继续走，等到了C城市时，他又发现了一个路标，上面写着：“到A城市70公里，到B城市40公里”。这时他遇见一位当地人，那个人告诉他，那三个路标中，只有一个写的是正确的，另外一个有一半是正确的，还有一个写的全是错误的。那么，哪个路标写的是正确的，哪个路标写的是全错误的呢？

辛苦的服务员

一个服务员正在给餐厅里的51位客人上蔬菜，蔬菜有胡萝卜、豌豆和花菜。要胡萝卜和豌豆的人比只要豌豆的人多2位，只要豌豆的人是只要花菜的人的2倍。有25位客人不要花菜，18位客人不要胡萝卜，13位客人不要豌豆，6位客人要花菜和豌豆而不要胡萝卜。请问：

(1)多少客人三种菜都要？

(2)多少客人只要花菜？

(3)多少客人只要其中两种菜？

(4)多少客人只要胡萝卜？

(5)多少客人只要豌豆？

来自国外的信

有一天凯特收到一封来自国外的信，信的内容是这样的："今天是我来到以色列的第5天，我去了它和约旦接壤的国界附近，在那里的湖中痛快地游了一次泳。以前，你们一直嘲笑我是一只旱鸭子，可这一次我的表现实在是太棒了！我发现游泳真的是一种享受。我既能游自由泳，也能够游仰泳。当我伸展四肢浮在水面上仰望蓝天、白云时，我简直像进了天堂。我的下潜深度已经达到海平面下390米，而我竟然没有使用任何潜水工具。说了这么多，你一定认为我是在撒谎，但我说的是千真万确的，只不过游泳之后皮肤感到很粗糙……"

看了上面这封信，凯特一直觉得他的朋友是在吹牛。那他是在吹牛吗？可信度到底有多少？

特别的城镇

某国有一个城镇里的人特别爱好休闲。这个城镇只有一家便利店、一家打折商场和一家邮局。每星期中只有一天全部开门营业。

（1）每星期这三家单位各开门营业4天。

（2）三家单位没有一家连续3天开门营业。

（3）星期天这三家单位都停止营业。

（4）在连续的6天中：

第一天，打折商场停止营业；

第二天，便利店停止营业；

第三天，邮局停止营业；

第四天，便利店停止营业；

第五天，打折商场停止营业；

第六天，邮局停止营业。

有一个人初次来到这个城镇，他想在一天之内去便利店购买东西，又要去打折商场买衣服，还要去邮局寄信。请问：他该选择星期几出门？

第四部分

记忆类智力游戏

本课从世界100所名校学生常做的记忆类益智游戏题中，精选出一部分最典型、最能开发学生智力的题目，确保其真正适合中国孩子的智力开发，让孩子在游戏中学会积极思考，在娱乐中学习，在学习中娱乐，越玩越聪明。

火柴变风车

现在只要移动图中花儿的4根火柴，就可以变出一个大风车来。怎么移动呢？

如图：

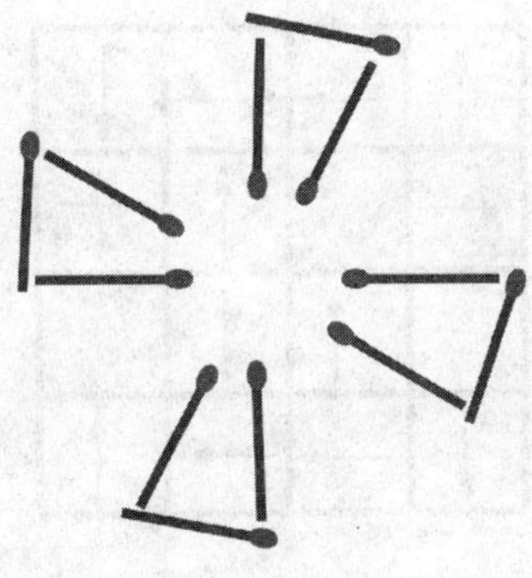

补充空白

仔细观察下面的图形，根据记忆选择合适的答案将空白补上。

记忆填图

图中所示的图形中缺了两个箭头，请你用最快的速度补出来。

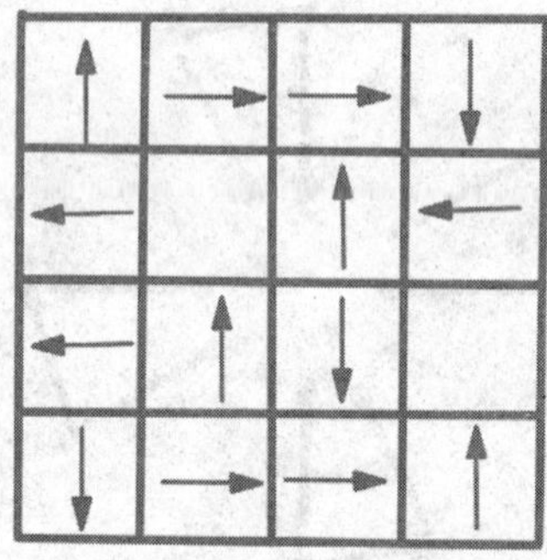

规律推图

仔细观察下面四幅图，根据记忆从A、B、C、D四个选项中选出规律相同的第五幅图。

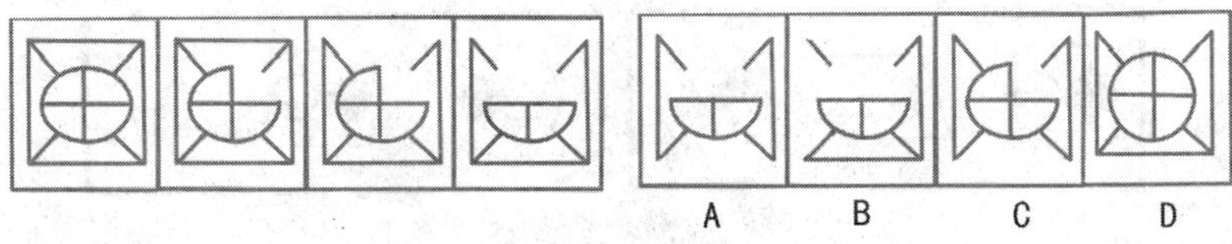

记忆图表

许特尔图表是指在一幅有5×5=25个方格的图表中，无顺序地排列着阿拉伯数字1~25，请你按照1~25的顺序边读边指出每个数字的准确位置。要求用最快的速度找出全部数字。

13	10	17	24	4
5	21	1	8	14
11	6	15	22	19
3	18	12	2	25
16	7	20	23	9

图形推断

仔细观察第一组图形，依据记忆选出第二组图形中缺少的图。

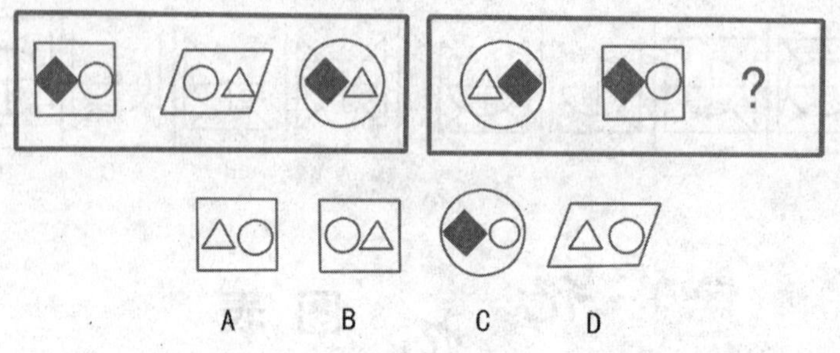

金库密码

编写9组金库密码的卡片，让游戏参与者在规定时间内记住，并准确无误地说出：左1、右5、右9、左4、右3、左6、左8、右2、左7。

选择图形

观察第一组图形，依据记忆中的规律选出第二组图形中缺少的图形。

巧记书名

在规定时间内记住中国十大名书：1.《三国演义》、2.《好逑传》、3.《玉娇梨》、4.《平山冷燕》、5.《水浒全传》、6.《西游记》、7.《琵琶记》、8.《白圭志》、9.《平鬼传》、10.《绿云缘》。要求按顺序记忆，不能颠倒顺序。

记忆分辨

观察图A一分钟后，盖上A，找出B图中与A图12处不同的地方。

选图

仔细观察图形后，压上图形，回忆思考一下并选出“？”处应出现的图形。

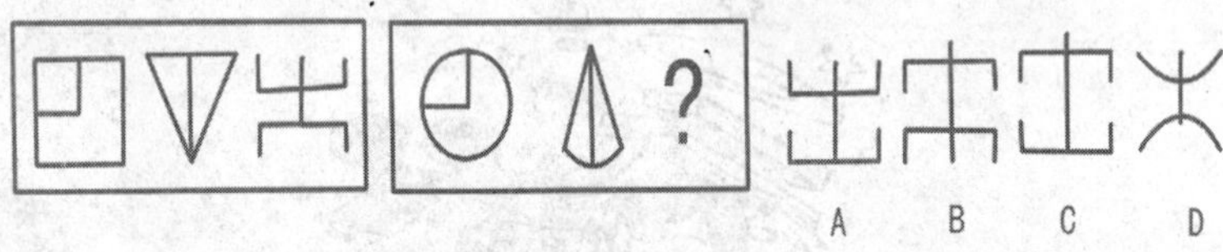

组合图形

下面四幅图中，有一个是由左面的平面图折叠而成，根据记忆，快速思考，你知道是哪一幅吗？

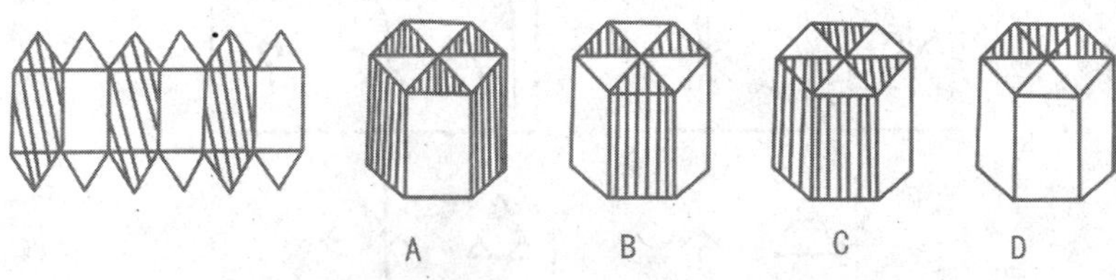

A　B　C　D

丢失的标记

请用10秒钟观察A图，然后盖住A图，说出A图中哪些标记从B图中消失了。

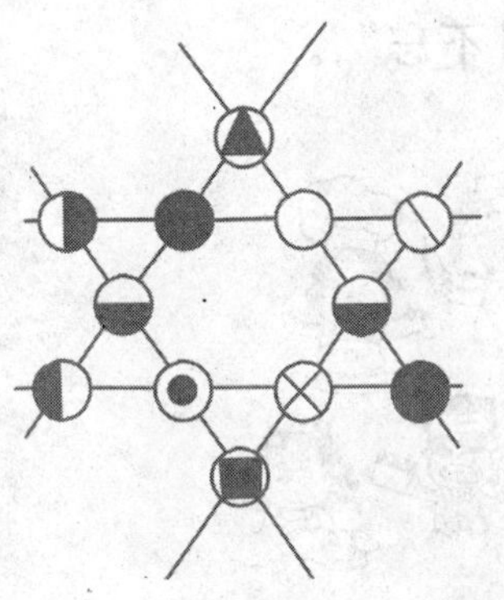

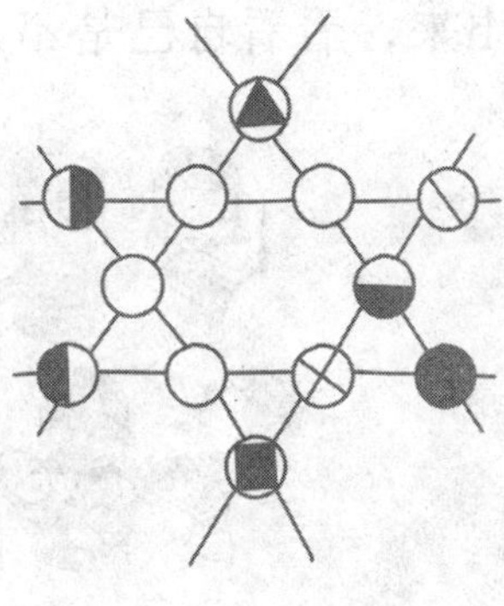

判断图形

仔细观察下面两组图形，依据第一组图形组合的规律，将第二组图形补齐。

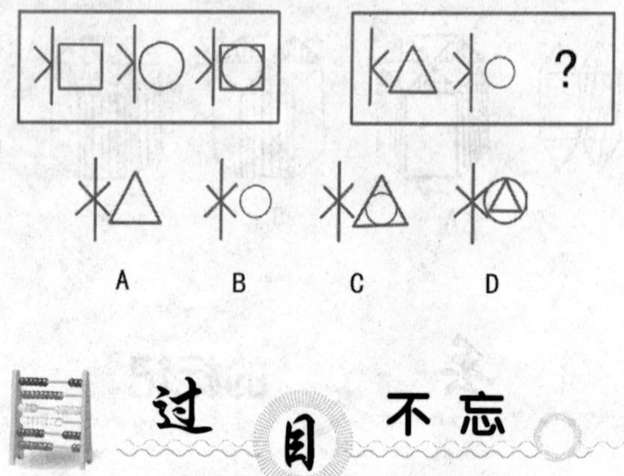

过目不忘

请仔细观察下列10幅图，研究图像代表的人物、名字和工作，然后用纸盖住图像下的名字和工作，由你自己重新写出来，看看自己是不是“过目不忘”。

翻转扑克牌

随意出9张扑克牌，如图1所示摆好，请大家仔细观察，记住扑克牌的花色和点数。规定时间一到，组织者把扑克牌翻过来（如图所示2），让大家回忆每张扑克牌的点数和花色。

图1　　图2

推断图形

仔细观察下面的第一组图，根据记忆将第二组图补齐。

停车次数

一辆载着16名客人的公共汽车驶进车站，这时有4个人下车，又上来4人；在下一站上来10人，下去4人；在下一站下去11人，上来6人；在下一站下去4人，只上来4人；在下一站又下去8人，上来15人。公共汽车继续往前开，到了下一站下去6人，上来7人；在下一站下去5人，没有人上来；在下一站只下去1人，又上来8人。请问：这辆车共停了几站？

空白电子表

依据前四块手表的时间，快速思考，A～E五块手表中哪块表的时间能接续已有的时间序列？

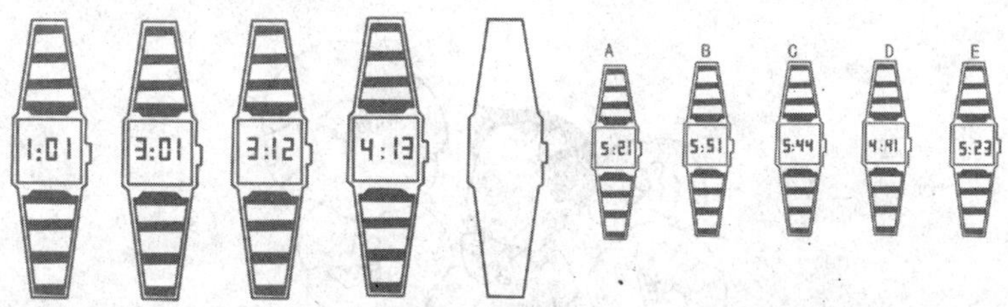

记物品

在桌子上摆放一系列物品：手表、铅笔、水杯、糖块、火柴、书、剪刀、积木、钥匙、报纸，让你的同伴看1分钟后，用布把物品全部盖上，并让你的同伴说出每样物品的名称。

记手势

A认真看B做5个手势。在B把5个手势做完后，A按顺序重复做出来，看你的记忆力好不好，准不准。

根据回忆填图

仔细观察第一组图，然后将图遮住，根据记忆选出第二组图中缺失的图形？

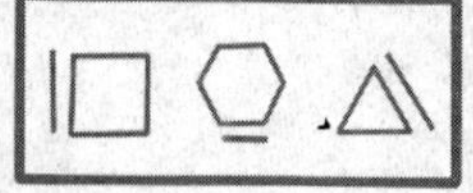

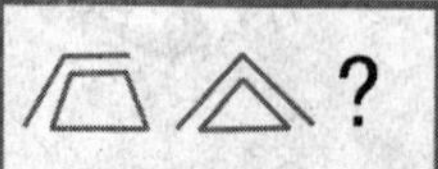

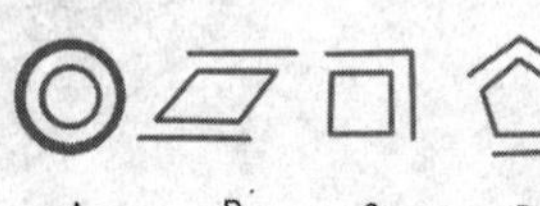

快速记忆1

请你用2分钟时间记住下列词语：

夹克、军舰、山脉、机枪、皮革、政治、筷子、坦克、领带、火炮、钢笔、裤子。

快速记忆2

请快速记忆下面的词：

气球、天空、导弹、苹果、小狗、闪电、街道、柳树。

巧记词义

你是如何记住一个词和它的词义的？其实，你不妨用想象的方法，把它变成生动影像。

以“consternation”（大为惊骇）为例，记住它其实有一些科学的记忆步骤，该词表示惊讶、惊慌。第一音节“con”，你可以想象一个罪犯“convict”，第二个音节，你可以有一个汤匙在碗中stir（搅拌）的图像，或者stern（船尾）的图像；“na-tion”，它可以代表联合国、一本地图集或一个地球仪。因此，你或许可以想象，有个罪犯正坐在船尾，要去某个国家。

用同样的方法步骤，记住以下各词的意思。

英文	中文
bookkeeping	簿记
precede	先行提出
liaison	暧昧关系
receivable	可接收的
census	人口调查
questionnaire	问卷
pneumonia	肺炎
subtle	微妙的
macabre	骇人的
wreckage	残骸

复述数字

下面是一组数字，请朋友协助你共同做这个游戏，让他以正常说话的速度念一遍，然后你跟着复述，按次序一排排念出来，看看到第几排你就无法顺利地说出？

5

36

985

8 134

03 865

173 940

8 377 291

34 820 842

649 320 048

9 385 726 283

83 721 547 497

932 624 499 284

4 872 058 713 339

93 810 492 248 113

837 295 720 488 820

9 285 720 683 004 826

59 275 028 148 532 811

快速记忆3

两人一组，A依次念下列每组的数字和汉字，每隔一秒钟念一个。A每念完一组，要求B只能把数字按顺序回忆出来，而不能回忆汉字。例如，A念：“家——4——水——3——风。”B念：“4——3。”

第一组：家——4——水——3——风。

第二组：快——走——7——军。

第三组：开——8——寸——5——电——6。

第四组：表——2——多——5——饮——3。

第五组：好——3——坏——9——东——6——手——2。

第六组：嘴——2——书——1——笔——4——飞——9。

巧记词语

用1分钟时间记住下列词语。

1.狐狸、2.山崖、3.苹果、4.糖、5.帽子、6.大鼓、7.婴儿、8.火腿肠、9.火把、10.鱼。你能用有趣味的方法记住这些词语吗?

巧记时间

请记住白求恩生于1890年，死于1939年。

速记数字

怎样记住日本富士山高12365英尺？

速记成语

请用60秒钟记住下面成语，然后默写下来。

无可奈何　无可争辩　无所不为　无所不至

无所用心　无所事事

速记译码

请先看下面译码30秒钟，然后盖上。你能写出这些译码吗？

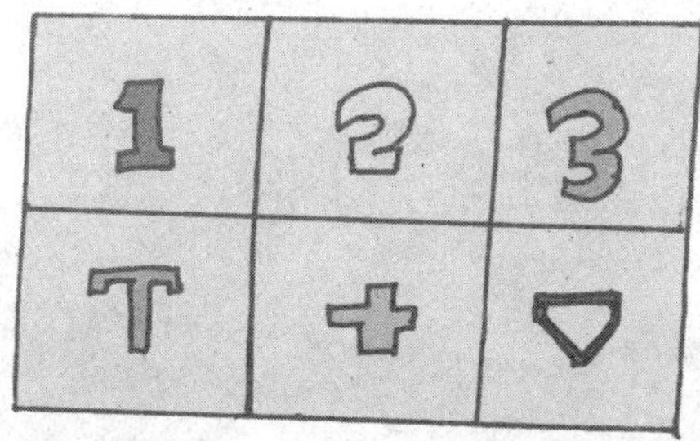

重复数字

在看完下列数字以后，按顺序复述，可以重复进行。

6 7 2

3 2 4 6

8 3 4 5 8

9 6 7 2 1 3

2 1 3 5 7 9 8

3 0 5 4 1 7 6 5

1 4 5 6 8 0 2 0 7

8 1 2 6 7 1 0 3 5 8

第五部分

分析类智力游戏

本课从世界100所名校学生常做的分析类益智游戏中，精心挑选出一部分最典型、最能启发学生分析思维的题目，这些题目能够使孩子的思维、分析、想象能力以及逻辑能力得到快速提高，能保证中国的孩子在逻辑思维能力上得到有效的提升。

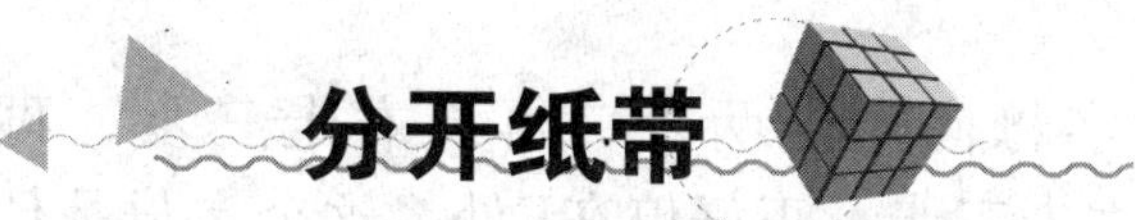

分开纸带

如何把图中的纸带分开而不剪断它们？

仔细观察图中的纸带，可以发现它是由两根分开的纸带组成，这样不需要剪断就能将它们分开。

散步的字母

某个字母向左走两步，再向右走三步，再向左走两步，再向右走三步，正好停在E处，这个字母是什么？

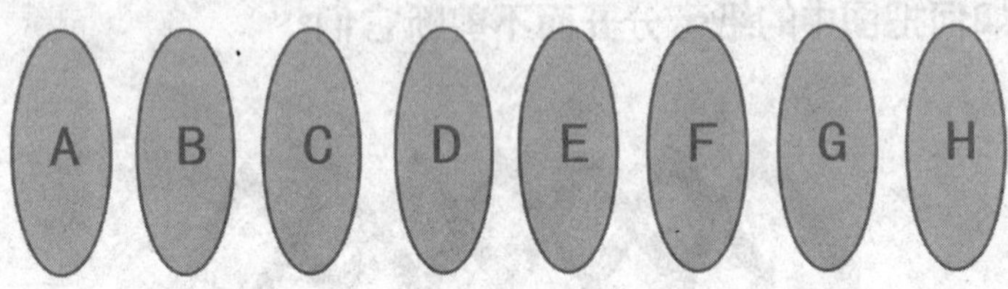

排硬币

把8枚硬币排放在桌子上，横的5枚，竖的4枚，如图所示。如果只允许移动一枚，那么怎样使横的、竖的硬币都是5枚。

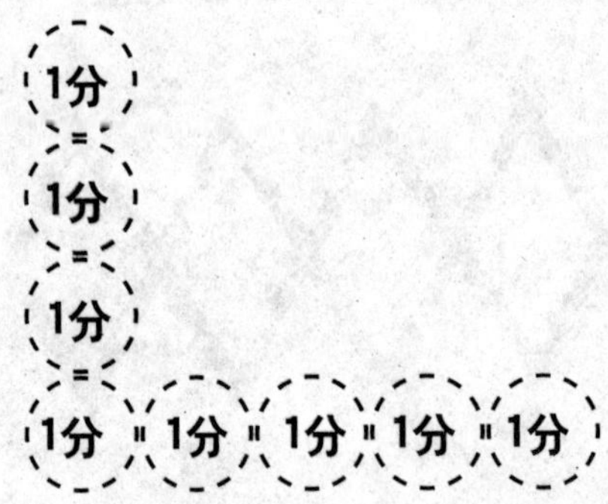

画五环

五环奥运会标，你可以用一笔画出来吗？

走出迷宫

这个迷宫十分巧妙，必须按一定指示前进，给你5分钟时间，由S开始走，到达G，算你顺利地出入迷宫。

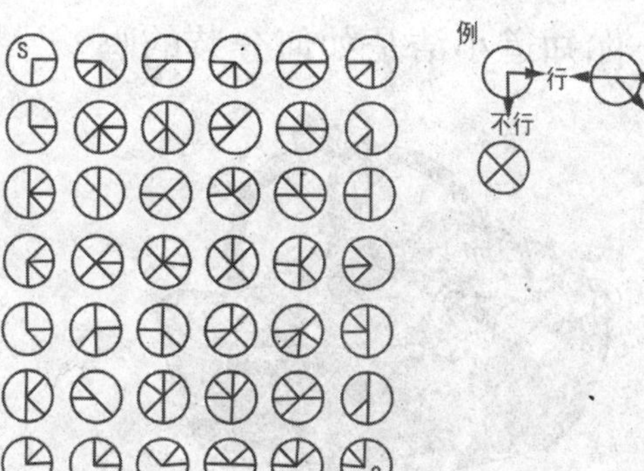

字母变“小”

如图所示，排列火柴棒组成英文字母“E”。有人说加1根火柴棒可以把“E”变小，你能做到吗？

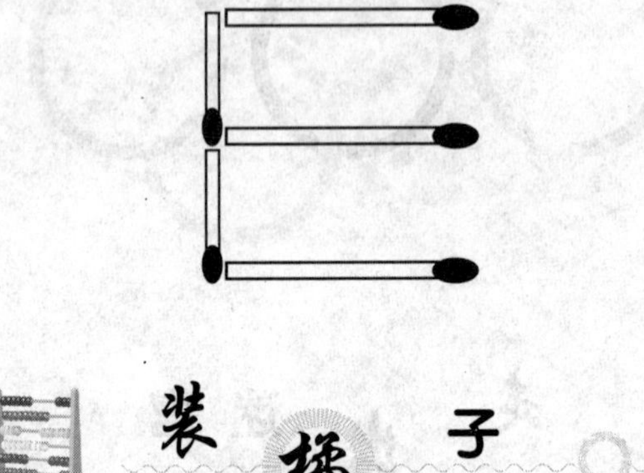

装橘子

奶奶让小洁帮忙把橘子分装在篮子里。奶奶给了她100个橘子，要求分装在6个篮子里，每只篮子里所装的橘子数都要含有数字6，你知道小洁是如何分装的吗？

不一样的时钟

小毅要赶车，在家里挂钟7点55分的时候出发，走到汽车站看到车站的时钟显示8点10分。突然他想起忘记带东西了，于是他又以来时的速度回家，到家时，家里的钟指的是8点15分。家里的时钟和车站的时钟走的不一样，谁快些?差多少?

十字标

将图中的木板做成一个十字标志，应该怎么做呢?

分帽子

大剧院今晚上演一台著名歌剧，一些绅士们纷纷赶去看演出。9位男士在看戏前将各自的帽子一起交给了侍者，由侍者统一放在衣帽间。而这位糊涂的侍者在将9顶帽子保管时忘记了区分，所以在还给他们时也不知道怎么分别，于是准备每人随意给一顶。请问：正好8个人拿到自己那顶帽子的概率有多少？

分马

古时候，某员外想将自己的11匹马分给他的3个儿子，并且按照这样的比例分，大儿子得一半，二儿子得四分之一，小儿子得六分之一。但怎么分都不行。无奈之下，请来了远近闻名的智者，按照要求，他很快就分完了。大儿子得6匹马，二儿子得3匹马，小儿子得2匹马，正好是11

四。你知道智者是怎么分的吗？

吉姆要去森林采草莓，你能帮他穿过六角森林吗？

畅通的路

图中，从A到a，从B到b，从C到c，从D到d，路线不能交叉，请你画出其行走路线。

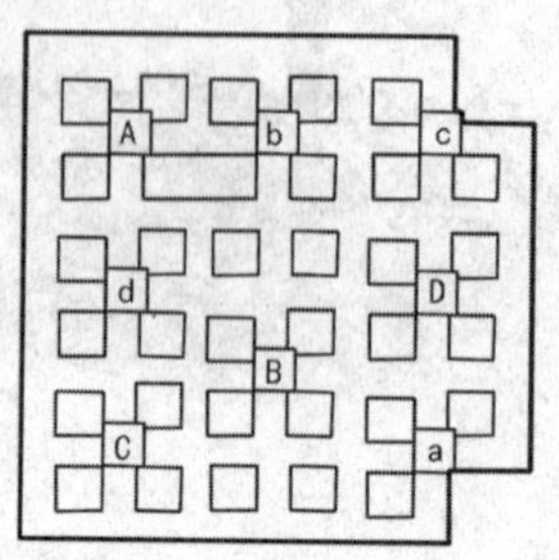

追汽车

路上发生了车祸，营救人员跑的速度比损坏失控的汽车的速度快1倍，汽车在距路边悬崖80米的位置上，营救人员在汽车后100米的位置上，现在他们同时启动，营救人员能够在汽车开下悬崖之前追上汽车吗？

不交叉的路

小张、小李、小龙、小王的家在不同的地方，同时他们在不同的地方上班，请大家为他们分别设计一条能回家又不相互交叉的路线。

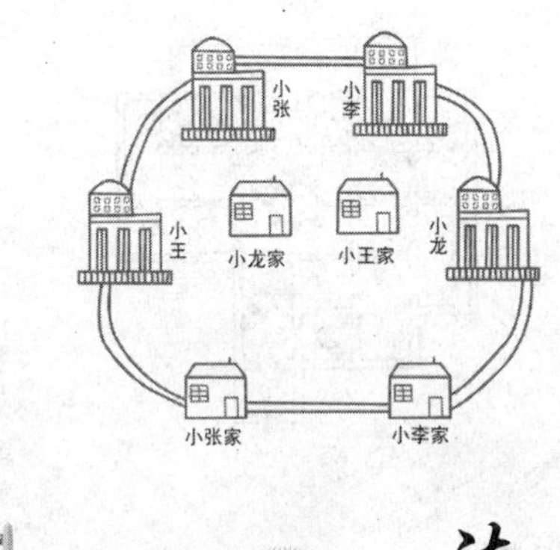

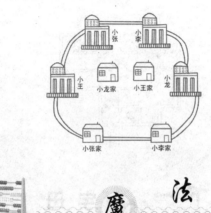

魔法

有8张同样大小的正方形纸片叠在一起了，只有标号为“1”的那张纸片能被全部看见，其余的7张纸片都只能看到一部分。看谁能从上到下将手中的8张相同的正方形纸片摆成图中的样子？

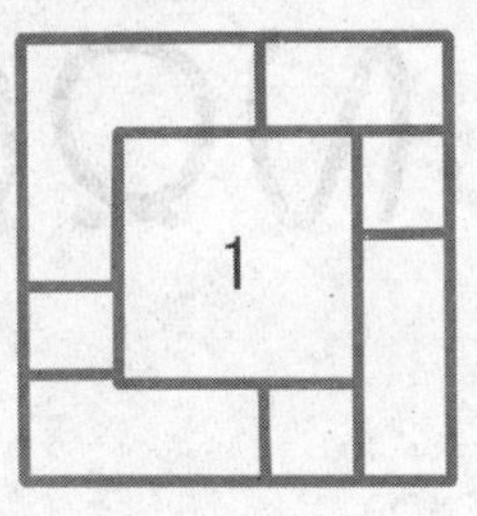

审问囚犯

如图，每间房里有一个囚犯，法官下令审问所有的囚犯。现在有8个入口，要求执法人员不走重复路线，分别审问所有的囚犯后，从A口出来，请你画出他的行走路线。

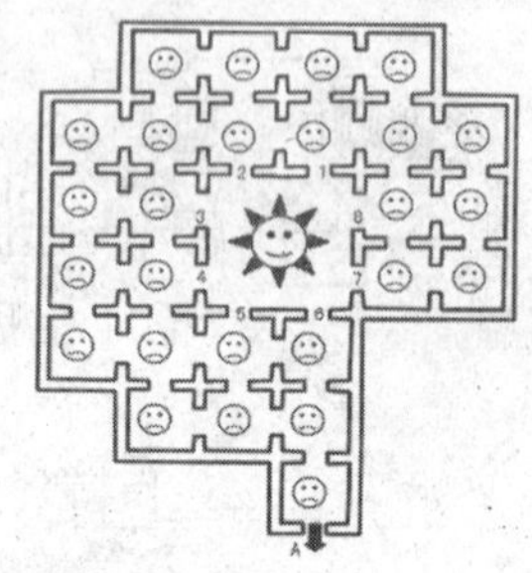

下一个字母

在下面的字母序列中，后面一个字母应该是哪个？

LNQU?

排列骰子

如图，在一个方盒子里放了8粒骰子，上面标有a、b、c、d、e、f、g、h八个字母，空格处只够容纳一粒骰子，请你以最少的次数移动这些骰子，使这些骰子上的字母按照次序排列。

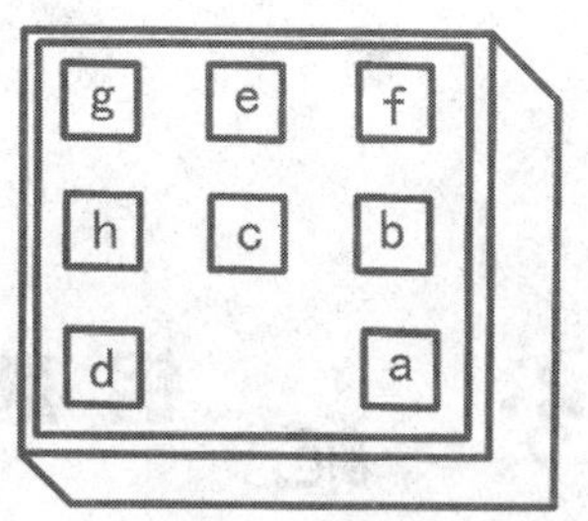

正确图形

下面的6个正方形可以合成为一个正方体，那么你知道哪一个是正确的吗？

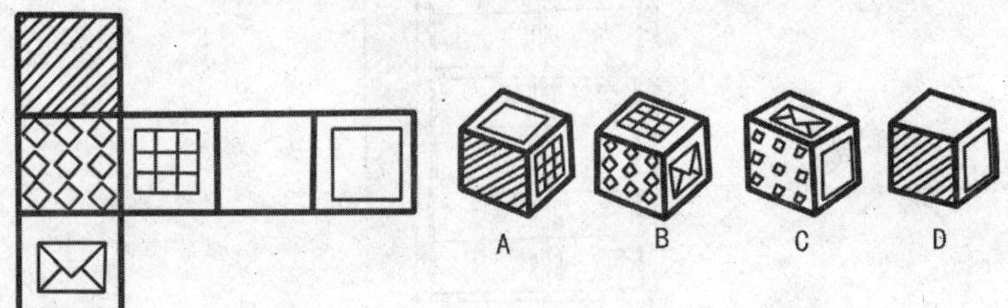

连星星

下面4颗摆放很不规则的星星，你能用一个正方形将它们连在一起吗？

分配钥匙

新办公室里有三个公用的柜子，里面放着大家可能用到的资料。每个柜子上，有一把锁和两把钥匙，小赵、小钱、小王都可能随时在别人不在场的情况下打开柜子取资料。要是在不配新钥匙的情况下，如何分配钥匙，可以让他们每个人都能随时打开这三个柜子？

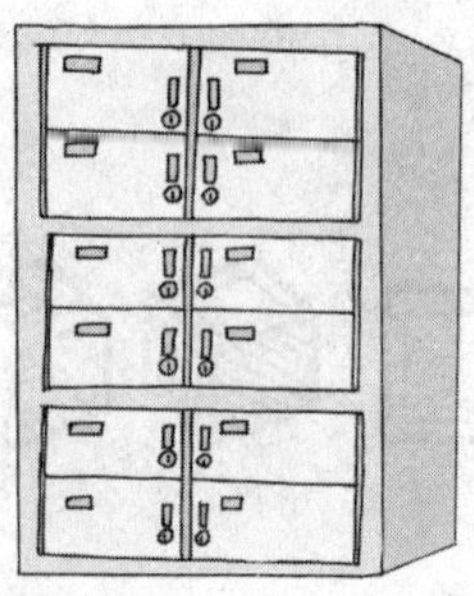

多多益善

有一个正方形，请在里面画4条直线，使产生尽可能多的互不包含的多边形。该怎么画？

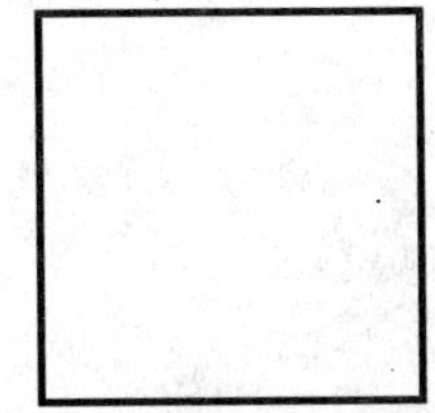

巧妙系绳

在一个空旷的大房间里，有两根长绳子挂在天花板上。这两根绳子之间的距离很远，你抓住了一根绳子的末端，就不可能抓住另一根绳子。在不剪断绳子的情况下，你能只借助于一把剪刀，把两根绳子的末端系在一起吗？

智取宝石

在一个2米见方的地毯中央，有一个竖立的酒瓶，瓶口上放了一颗硕大的宝石，你探腰也不能取得宝石。你能不踩到地毯上去，也不借助于别的工具碰翻酒瓶，就把宝石抓出来吗？

走迷宫

怎样走出图中的迷宫？

寻宝

在表格的每一行、每一列中，隐藏若干珠宝，其数量如同表格边的数字所示。此外，在某些方格中标记了箭头的符号，意思是：在箭头的方向藏有珠宝，数量可能不止一个。请在表格中标出你认为有珠宝的表格，看你能找出来几个珠宝？

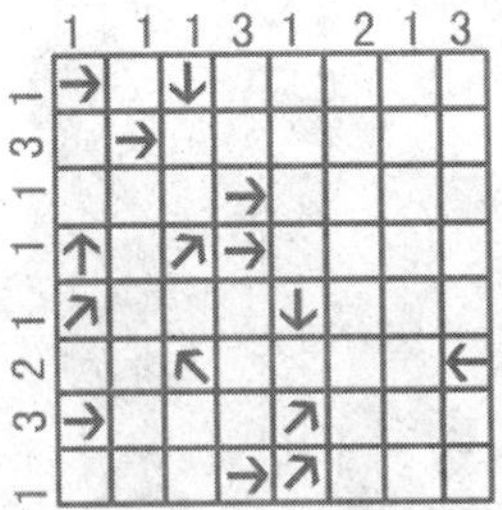

爬墙

有一只蚂蚁从墙根往墙头爬。墙高10米，它白天向上爬3米，夜间又滑下2米，问：它几天才能爬到墙头？

小费

一位绅士去住店，服务生向他要小费。绅士说：“我给你出一道题，只要你能在3秒内算出来，我就给你小费，1000加上30，再加上1000，再加10，再加1000，再加20，再加1000，最后再加40。这些数总和是多少？”你能帮助这个服务生拿到小费吗？

切割“n”

你能否只用两刀就将这个“n”形切成6块？

最安全的位置

一艘海盗船上有600人，暴风雨肆虐，船出了问题，首领下令减少船上的人数，于是让600名海盗站成一排报数，每次报到奇数的人都被扔下海，有一个聪明的海盗站在了一个最安全的位置，你知道他站在哪里吗？

一剪成形

复制下面两张图形制成游戏卡，准备一把剪刀，对两个图形分别剪两刀，拼成一个正方形。

巧妙搭配

小东有两顶帽子，一顶是红的，一顶是白的。她有两条围巾，一条是紫色的，一条是黑色的。想一想，要使她的帽子和围巾的颜色有不同的搭配，能有多少种搭配方法？

量面积

花坛可划分为边长为1米的方块，阴影部分绽放的是郁金香，试求其面积。

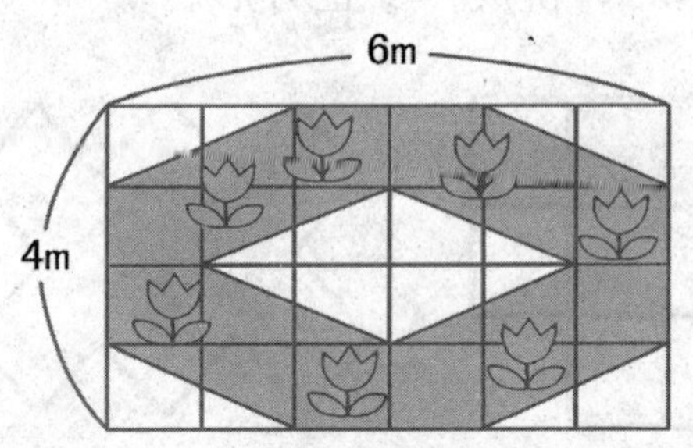

关灯方法

马路上有编号为1、2、3……10的十个路灯，为节约用电又能看清路面，可以把其中的三只灯关掉，但不能同时关掉相邻的两只或三只，在两端的灯也不能关掉的情况下，问：满足条件的关灯方法共有多少种 ？

贴标签

五个瓶子都贴了标签，其中恰好贴错了三个，则错的情况可能共有多少种？

A．6　　B．10　　C．12　　D．20

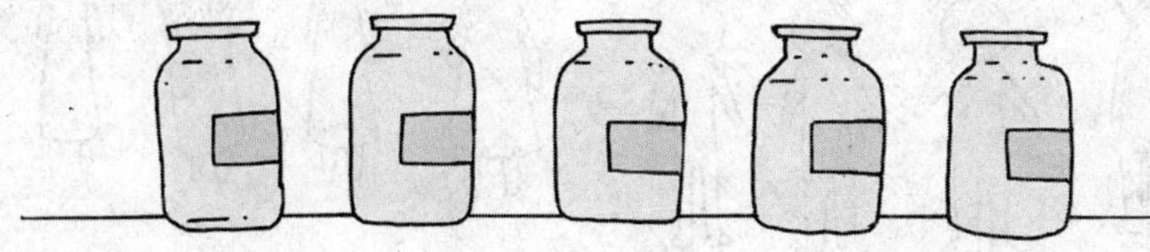

端出糕点

如果你家来了客人，你现在有两只不同的盘子。那么，你能用多少种不同的方法来端出两种不同的糕点呢？如果你用三个不同的盘子呢？

参加座谈会

从5位男同学和4位女同学中选出4位参加一个座谈会，要求与会成员中既有男同学又有女同学，有几种不同的选法？

付小费

在澳大利亚，人们使用的小额硬币有5分、10分、20分、50分、1元和2元。如果你要支付20分，总共有多少种付法？

拼成松树

请你移动4根火柴，把它拼成5棵大小相同的松树。

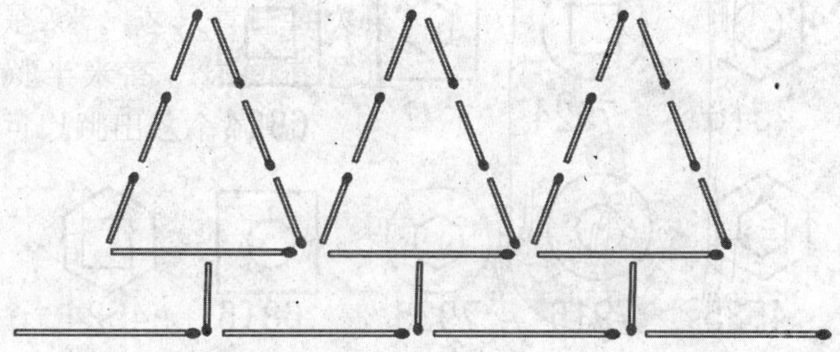

投信

3封不同的信，有4个信箱可供投递，共有多少种投信的方法？

填上数字

请观察各图形与它下面各数间的关系，然后在问号处填上一个适当的数。

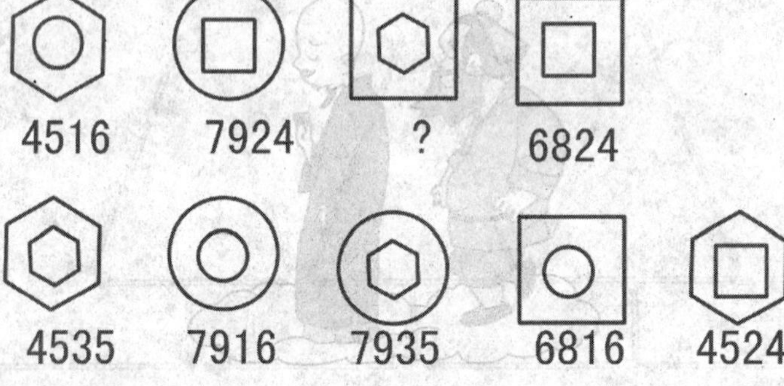

卸货

一辆货车将货物A运到B处，将货物B运到A处，但不能让它们穿越公路，最后将货车返回到原先的位置。怎样解决这个问题呢？

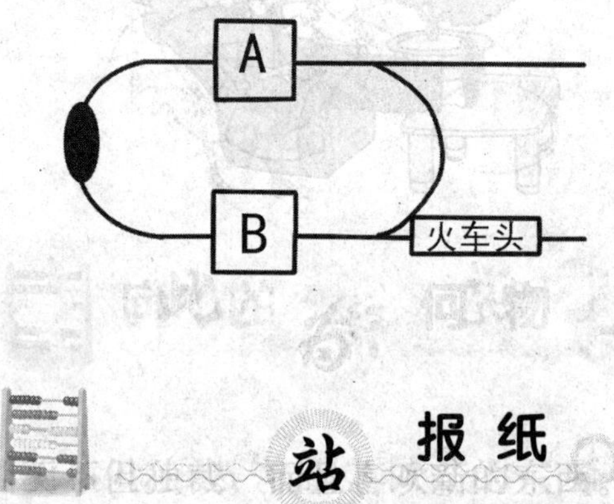

站报纸

如果有一张不大的报纸，要求你和你的一位朋友同时站在这张报纸上，报纸不能撕开，而且你们彼此也不能碰到对方，你能做到吗？

下蛋

8只鸡8天可以下8只蛋，如果100天需要100只蛋，需要几只鸡来下？

说谎的小狗

上课的时候，小猫对坐在旁边的小狗说：“你看你看，这本书上的彩虹好漂亮啊，有七种颜色呢！”小狗看了看说：“是啊是啊，真的很漂亮啊，这就是七彩虹啊！”这时作为老师的母鸡过来了，她对小狗说：“你太不诚实了。撒谎是可耻的，以后不许撒谎了。”你知道母鸡是怎么知道小狗撒谎的吗？

运动的乒乓球

给你一个乒乓球，你把它扔出去，在不借助别的任何东西，也不能碰到别的东西反弹的情况下，你能让它经过一段距离后静止一会儿，然后向相反的方向运动吗？

点火

李先生拿出最后一盒火柴，里面仅剩下最后一根火柴了，他要用这根火柴点燃灶炉，还有蜡烛。那么，先点燃哪个物品才是最好的选择？

问什么问题

有A、B两个相邻的国家，A国居民都是诚实的人，B国居民都是骗子。一天，一个智者独自到达两个国家中的某个国家。他分辨不清这是A国还是B国，只知道这个国家既有本国人又有别国的来客。他想问这里的人“这里是A国还是B国”，却又无法判断被问者的答案是否正确。智者动脑筋想了一会儿，终于想出一个办法，他只需要问他所遇到的任意一个人一句话，就能从对方的回答里准确无误地判定这是哪个国家。

你知道智者问的是哪个问题吗？

失误的程序员

汉斯是一个高级程序员，但是他最近设计的三款机器人却出了一点问题：有一个永远都是说实话；有一个永远都是说谎话；另一个则有时说实话，有时说谎话。汉斯不知道怎么分辨它们，就请格林博士为他帮忙。

格林博士一看，随便问了3个问题就知道怎么分辨了。他的问题是：

问左边的机器人：“谁坐你旁边？”机器人回答：“诚实的家伙。”

问中间的机器人：“你是谁？”机器人回答说：“总是犹豫不决的那位。”

问右边的机器人：“坐你旁边的是谁？”机器人回答说：“说谎话的家伙。”

根据上面三个问题及回答，推测它们的身份。

第六部分

推理类智力游戏

本课从世界100所名校学生常玩的推理类益智游戏题目中，精选出最典型、最有代表性的一部分，这些题目能够使学生达到提升思维、推理能力的目的。经过亲自实验，这些题目比较适合于中国学生的智力开发，能够让学生的推理能力上升到一个更高的层次。

分辨雌雄

一棵大松树上住着松鼠一家10口，有雄有雌，雄鼠说假话，雌鼠说真话。一天，一只麻雀与它们攀谈起来：“你们家有几只雄鼠？”

第一只松鼠说：“有1只雄鼠。”

第二只松鼠说：“有2只雄鼠。”

第十只松鼠说：“有10只雄鼠。”

究竟有多少只雄鼠呢？

一共有9只雄鼠，1只雌鼠，第9只是雌鼠。因为假设第1只松鼠是雄鼠，则它回答的那句“有1只雄鼠”为假，那就肯定不止1只雄鼠；如果第1只松鼠是雌鼠，则回答为真，那么有9只雌鼠，这样其余的9只雌鼠回答的都应是真的，这样每1只松鼠的回答显然产生冲突。因此，第1只松鼠应是雄鼠。依此理推论下去，可得答案。

判断职业

医院里的医务人员，包括A在内，总共有16名医生和护士。下面讲到的人员情况，无论是否把A计算在内，都不会有任何变化。在这些医务人员中：护士多于医生；男医生多于男护士；男护士多于女护士；至少有一位女医生。

请问A的性别和职务？

说了什么

国王对王子说："这儿有一块鱼，假如你猜出是什么鱼就给你吃。用什么手段都可以，不过有一条，就是不许问鱼的名字。"

王子猜不出是什么鱼，但他说了一句话，使国王不得不让他吃鱼。猜一猜王子说了什么话？

立体图形

你能找出纸板对立的立体图形吗？

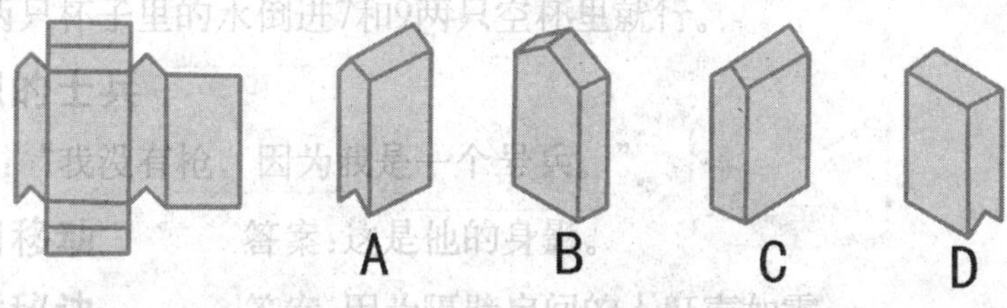

无法构成

在A、B、C、D、E五个骰子中，哪一个是左下方的骰面无法构成的？

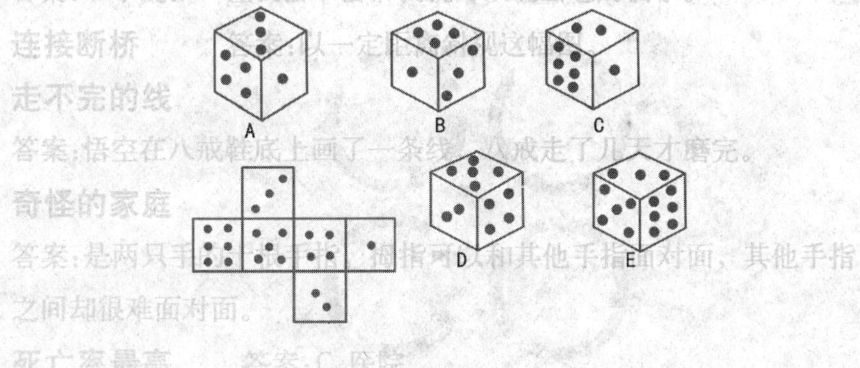

展开的纸杯

一个斜切的纸杯，其侧面展开图是什么样的呢？

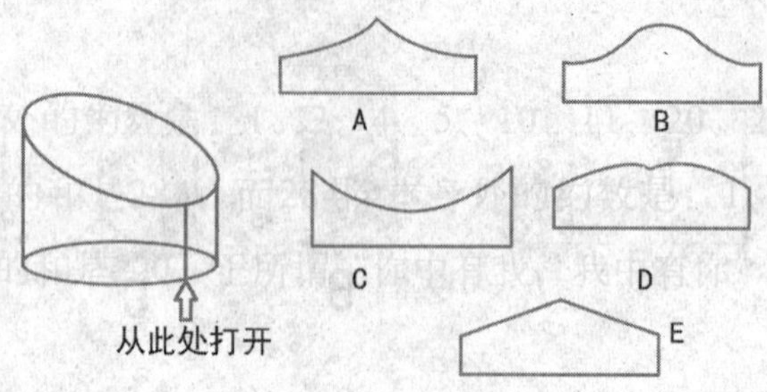

不存在的正方形

在这张图的中间，你是否看到一个并不存在的正方形？将这4个星星用4条直线连起来，直线不能穿过圆圈的是线段，而且第4条线的尾巴要接上第一条线的起头。

判断理由

报上登出了国内20家大医院的名单，名单按它们在近3年中病人死亡率的高低排序。专家指出不能把名单排列的顺序作为评价这些医院医疗水平的一个标准。以下各项，如果是真的，都能作为论据支持专家的结论，除了哪一项？

A.这20家医院中，有5家依靠国家资助从国外进口了多项先进、大型和配套的医疗设备，其余的都没有。

B.有些医院，留病人住院的时间长，病人死亡率因此就较高；有些医院，往往较早地动员患绝症而救治无望的病人出院，病人死亡率因此就较低。

C.这20家医院中，有2家老人医院和3家儿童医院。

D.在20家医院中，有2家是肿瘤医院。

E.有些医院不具备特种手术和特别护理条件，碰到相关的病人就让其转院了事。

立方体

有一个正方体的每一个面都有美丽的图案装饰着，下图是一个立方体拆开后得到的平面，那么在下面的几个选项中，哪一个不是这个正方体？

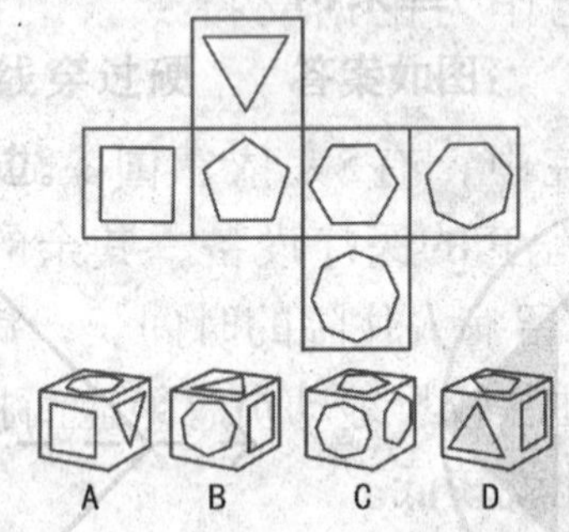

男生女生

一个班有90人，排成一队去植物园。他们的排列顺序是这样的：男、女、男、男、男、女、男、男、男、女、男、男、男、女、男、男、男、女……那么最后一个学生是男生还是女生呢？

抛西瓜

载西瓜的船停在岸边，没有系缆绳就开始卸西瓜了。工人从船尾将西瓜向岸上的人抛去，这样会发生什么事？

图形组合

仔细观察下面四幅图形，依据图形规律，选出适合的第五幅图形。

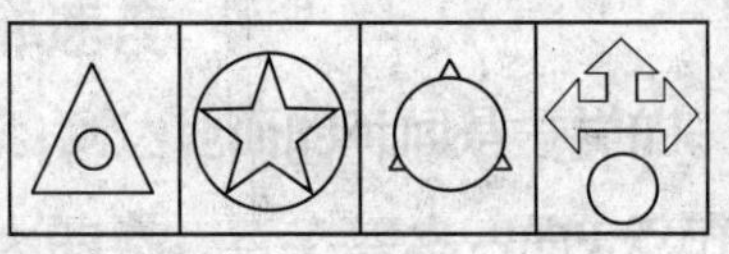

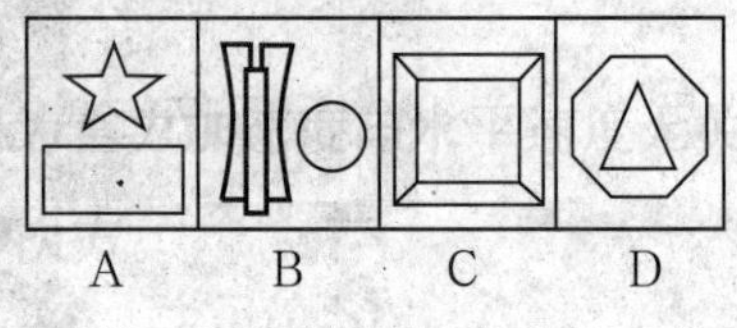

最重要的理由

大学图书管理员说，三年以前，非学生读者使用本图书馆是免费的。后来，因为我们的预算减少了，所以我们要求他们每年支付100元的费用。然而，仍然约有150名非学生读者使用了图书馆而没有缴费。因此，如果我们雇用一名警卫来辨认非学生读者并令其缴费，那么我们就可以获得经济收益。下列哪一项对于评价图书管理员的结论是最为重要的？

A．每年使用图书馆的学生人数。

B．今年图书馆的预算。

C．图书馆是否安装了昂贵的计算机分类系统。

D．三年前图书馆的预算降低了多少。

E．图书馆雇用一名警卫每年的成本是多少。

谁是父子

沙克、巴顿、克劳德和丹尼斯都是股票经纪人，其中有一个人是其余三个人中某一人的父亲。一天，他们在证券交易所购买了一些股票，具体情况是这样的：1.沙克购买的都是每股3美元的股票，巴顿购买的是每股4美元，克劳德购买的是每股6美元，丹尼斯购买的是每股8美元；2.父亲所购的股数最多，他花了72美元；3.儿子所购的股数最少，花了24美元；4.这四个人买股票共花了161美元。请问：这四个人中，到底哪两个人才是父子？

牌的花色

李先生正和他生意上的朋友一起玩扑克牌。李先生手上拿到了13张牌。四个花色都至少有一张，但是每种花色数都不一样。黑桃跟红桃的张数一共是6张，黑桃跟方块的张数一共是5张。李先生手中有一种相同花色的扑克牌2张。请问：这两张牌的花色是什么？

不合规律

A~E中，哪个图形不符合规律？

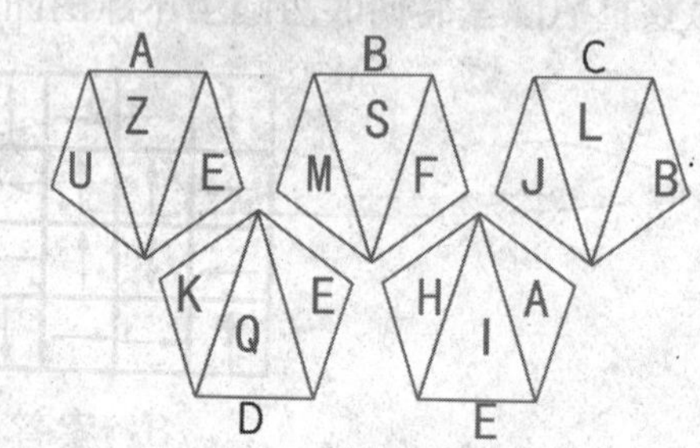

装倒的车牌

杰克逊的爸爸招呼他帮忙把汽车上的车牌重新装一遍，因为车牌已经松动了。杰克逊装好后，爸爸被逗笑了，原来车牌被装倒了，它所显示的数字比原来的数字大了78633。你知道车牌号原来是哪五位数吗？

$$
\begin{aligned}
\text{ABCDE} \\
+\ 78633 \\
\hline
\text{PQRST}
\end{aligned}
$$

掉落的台球

假设这枚台球击中了球台边的缓冲橡皮垫，即图中箭头所标示的点位。如果这枚台球仍有动力继续滚动，那么最后它将落入哪个球袋呢？

文学夫妻

在一个大学里，有四对夫妻，他们都是教文学的，而且每个人都有很深的文学功底。在一年之中，他们8个人共在全国的核心期刊上发表了44篇论文。其中4个男教师甲、乙、丙、丁分别发表了2、3、4、5篇论文；而另外4个女教师发表的论文情况如下：戊发表的论文数和她丈夫的一样，己、庚、辛发表的论文数分别是她们各自丈夫的2倍、3倍、4倍。根据这些，你能判断哪两位是夫妻吗？

特殊的时间

哪个时钟显示的时间特殊？

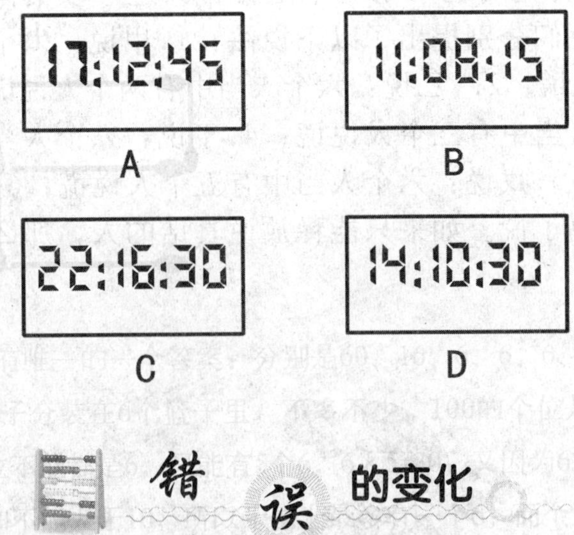

错误的变化

下面4个方形之中的图形是按一定逻辑而变化的，但其中有一个是错误的，你能推出是哪一个吗？

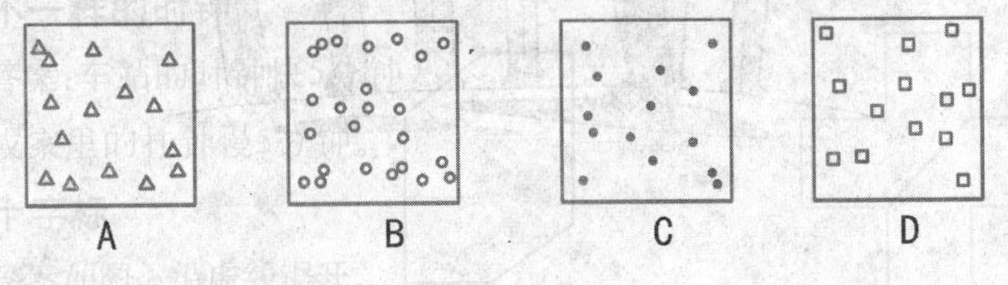

嫌疑犯

在处理一次盗窃案件的时候，警官逮捕了6个嫌疑犯。这6个人竭力为自己争辩，于是警官又进一步集体审讯他们，这次他们分别提出了以下说法：1.甲说：六个人当中有一个人说谎；2. 乙说：六个人当中有两个人说谎；3.丙说：六个人当中有三个人说谎；4.丁说：六个人当中有四个人说谎；5.戊说：六个人当中有五个人说谎；6.己说：六个人都说了慌。如果只能释放说真话的人，那么该释放谁呢？

显示时间

空白钟表应该显示什么时间？

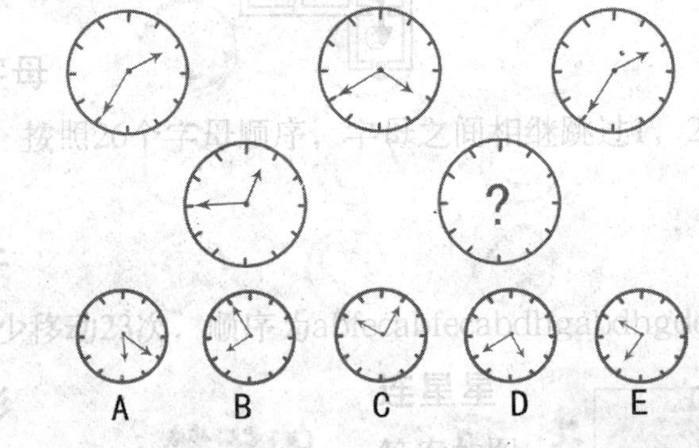

填入问号

A~E五个图案中，哪个可以填在问号处？

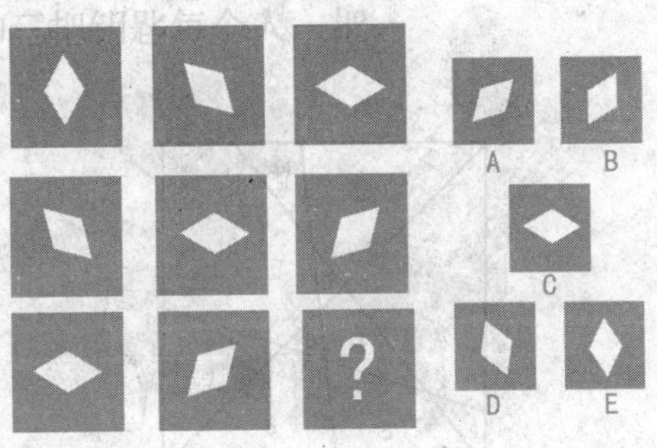

完成序列

A~F六个图中，哪一个能完成下面的序列？

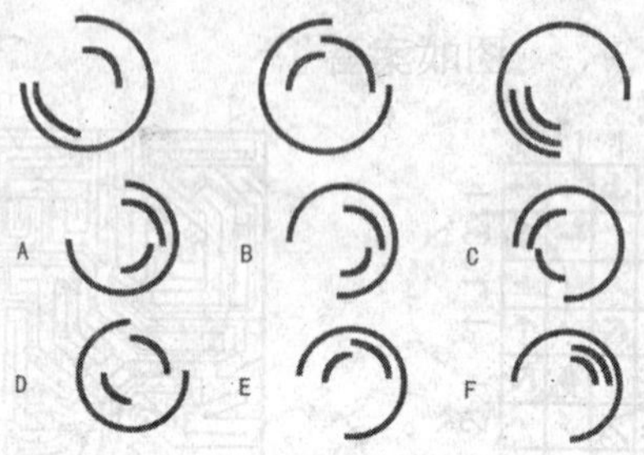

朱丽叶的年龄

人们都知道朱丽叶小姐长得漂亮，可很少人知道她确切的年龄，只听人说，她的岁数非常有特色：它的三次方是一位四位数，但四次方是一位六位数，且数字均不重复，你能推算出朱丽叶小姐的芳龄吗？

延续图形

在问号处填什么字母能延续图形的规律？

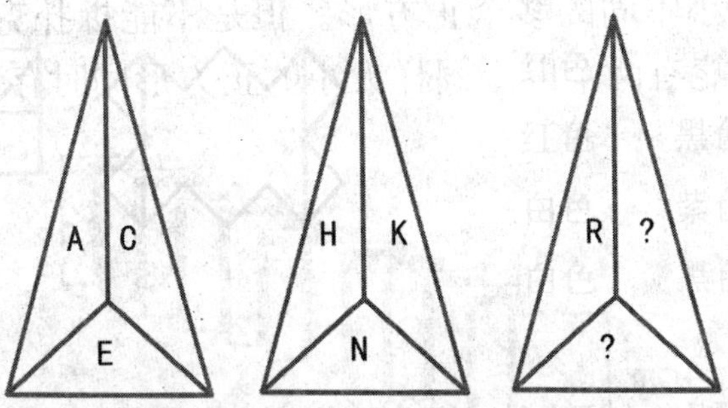

变化的三角形

你能在下面图形的基础上，增加两条线，使三角形由1个变为10个吗？

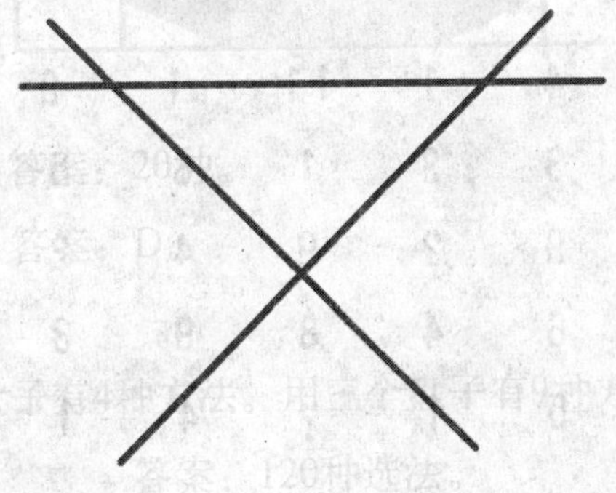

扑克组合

现有3厘米×4厘米的扑克牌12张，要求用这些扑克牌同时组合出大小不同的多个正方形。但是不能拆扑克，不能重叠扑克，不能有两个以上同样大小的正方形同时存在。

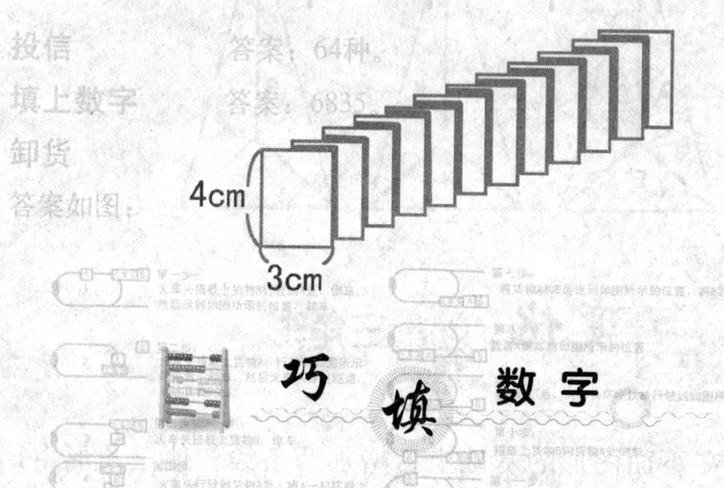

巧填数字

每行数字的规律相同，用哪个数字代替问号，能完成谜题？

4　1　11　11　3

3　3　1　6　5

9　2　9　4　2

6　4　8　9　3

5　1　?　4　1

一笔画成

你能一笔把下面的图形画出来吗？

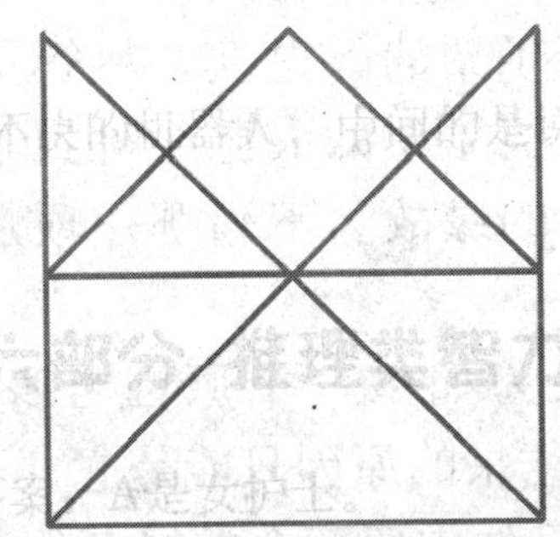

变形的螺旋

移动4根火柴，变成4个三角形。

错误的推理

室外音乐会的组织者宣布，明天的音乐会将如期举行，除非预报了坏天气或预售票卖得太少了。如果音乐会被取消，将给已买了票的人退款。尽管预售票已卖得足够多，但仍有一些已买了票的人已经得到了退款，这一定是因为预报了坏天气的缘故。下列哪一项是该论述中含有的推理错误？

A．该推理认为如果一个原因自身足以导致某一结果，那么导致这个结果的原因只能是它。

B．该推理将已知需要两个前提条件才能成立的结论建立在仅与这两个条件中的一个有关系的论据基础之上。

C．该推理仍解释说其中一事件是由另一事件引起的，即使这两件事都是由第三件未知的事件引起的。

D．该推理把缺少某一事件会发生的一项条件的证据当做了该事件不会发生的结论性证据。

E．试图证明该结论的证据实际上削弱了该结论。

正确的结论

甲、乙、丙三人讨论“不劳动者不得食”这一原则所包含的意义。甲说：“不劳动者不得食，意味着得食者可以不劳动。”乙说：“不劳动者不得食，意味着得食者必须是劳动者。”丙说：“不劳动者不得食，意味着得食者可能是劳动者。”以下哪项结论是正确的？

A.甲的意见正确，乙和丙的意见不正确。

B.乙和丙的意见正确，甲的意见不正确。

C.甲和丙的意见正确，乙的意见不正确。

D.乙的意见正确，甲和丙的意见不正确。

E.丙的意见正确，甲和乙的意见不正确。

移硬币

有12枚硬币，排成下列图形。每枚硬币都是一个正方形的一个端点，这样的正方形共有6个。如何移走3个硬币，使得剩下3个正方形？

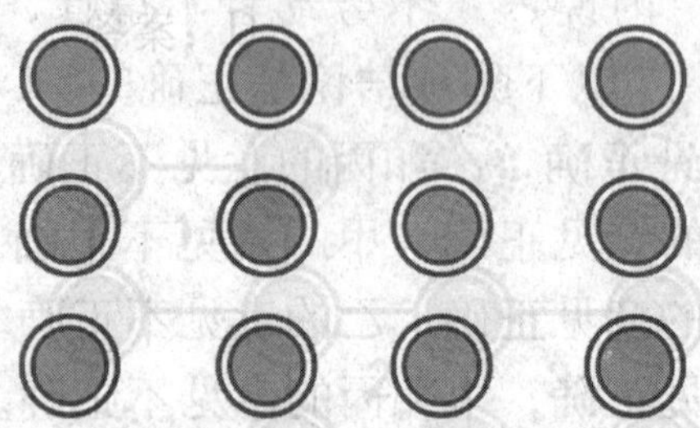

相连的图片

下图是9张连在一起的图片，请你撕下其中4张（不能连在一起撕），使剩下的5张图片都至少有一边与其他图片的边相连，你能办到吗？

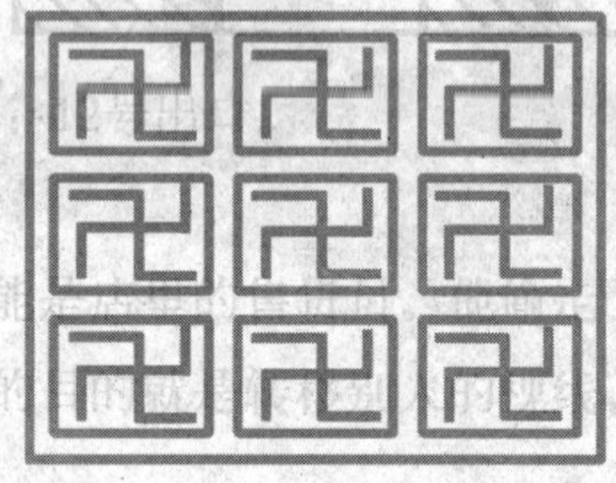

堵 羊

羊栏里有37个出口，但只要封住其中一个出口，羊就根本无法跑出去，应封住哪个出口？

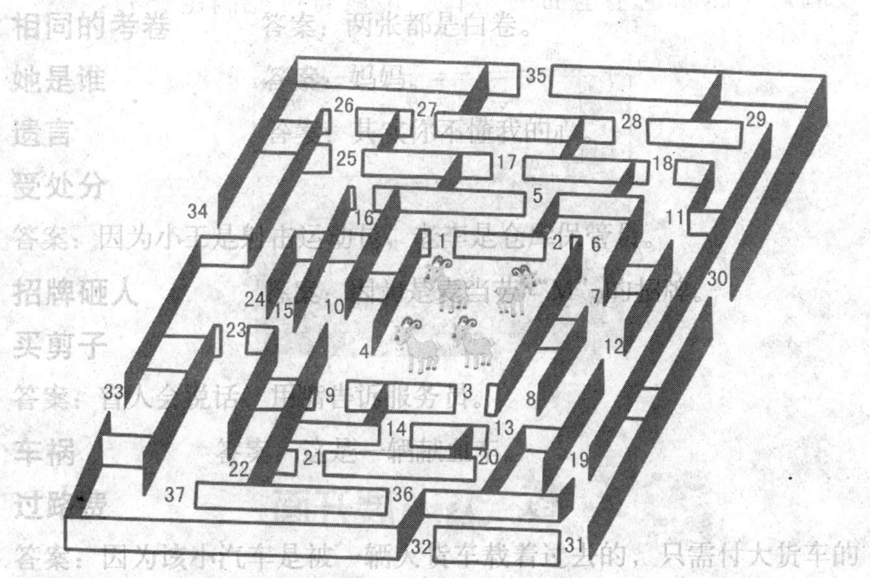

最有可能的贼

珠宝店一颗贵重的钻石被人偷走了。现场没有留下任何可疑的指纹，唯一的线索就是小偷用尖利的东西划开了玻璃，从而偷走了里面的钻石。谁最有可能偷走钻石？

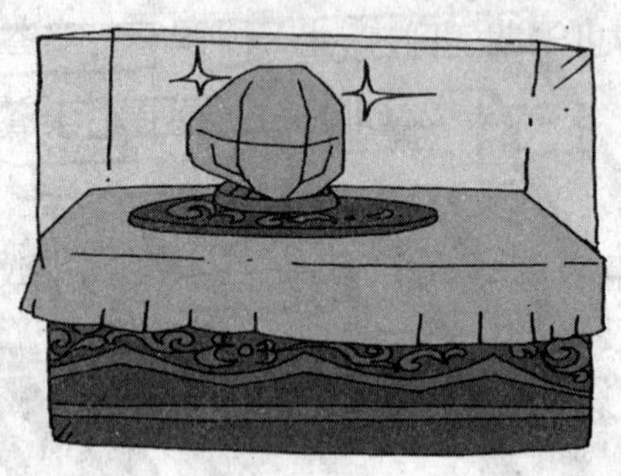

三棱柱展开面

下面右边图中哪一个图形是左边图形的展开图。

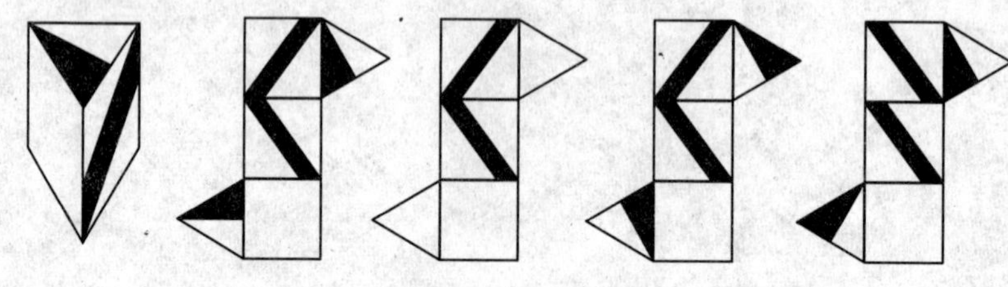

推测日期

台历被污渍弄脏了，只能从仅存的部分依稀看到几个字（如图）。根据这些仅存的数字，你能推测出这个月的1号是星期几吗？

图形推理

仔细观察每一组图形，依据记忆选出第二组图形中缺少的图。

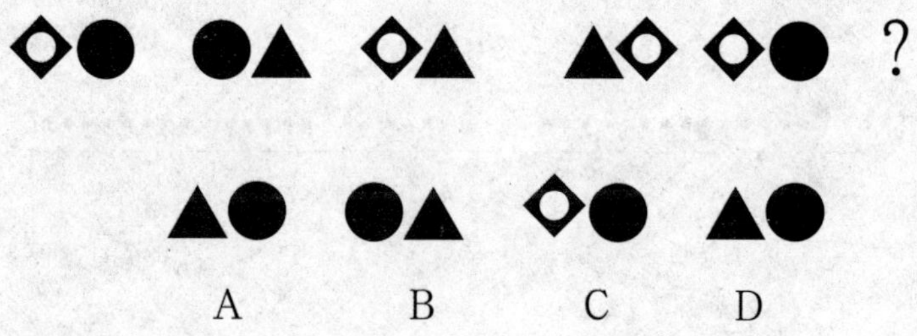

第七部分

另类智力游戏

本课从世界100所名校学生常做的另类益智游戏中，挑选出一部分典型的、最能启发学生另类思维的题目，从而找到适合中国孩子的另类思维模式，促进孩子另类思维能力的发展，让孩子另类思维能力得到充分提升。

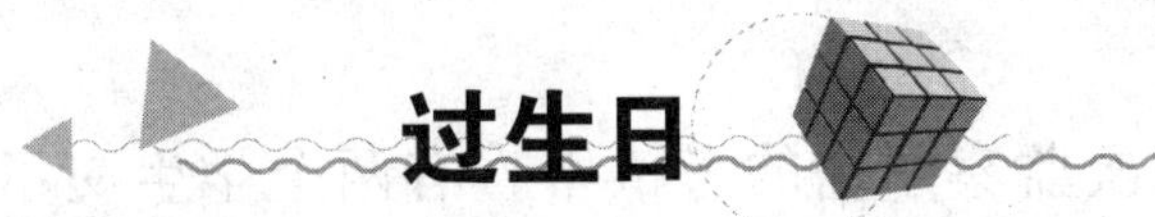

为什么大多数人都不喜欢过32岁的生日？

没人喜欢插上“三长两短”的蜡烛。

相同的考卷

在一次监察严密的考试中，有两个学生交了一模一样的考卷。主考官发现后，却并没有认为他们作弊，这是什么原因？

她是谁

你的阿姨偶遇一个姐姐，但你不叫她阿姨，她是谁？

遗言

换心手术失败，医生问快要断气的病人有什么遗言要交代，你猜他会说什么？

受处分

小王和老李都睁一只眼闭一只眼做事，为什么小王得到表扬，老李却受到处分？

招牌砸人

一个招牌突然由高处掉落，砸向并排行走的五个人，为什么只有三个人受伤？

买剪子

一个聋哑人到五金商店买钉子，他把左手的食指和中指分开做成夹着钉子的样子，然后伸出右手做锤子状。服务员给他拿出锤子，他摇了摇头，给他拿来钉子，他满意地买了。接着来了一个盲人，请问他怎么才能买到剪子？

车祸

车祸发生后不久，警察和救护车迅速赶到现场，发现撞翻了的车里外都是血，却没有发现伤者和死者，请问这是为什么？

过路费

任何车辆要驶过大关高速公路都必须去收费站先付20元建路费，可是为什么有一辆小汽车经过该高速公路却不用付一分钱呢？

沉船

有一艘船限载50人，船上已有49人后，再加上一个孕妇上了船，结果船沉入海中，为什么？

看牙

豆豆的爸爸牙齿非常好，可是他经常去口腔医院，为什么？

扔石头

有一块天然的黑色的大理石，在9月7号这一天，把它扔到钱塘江里会有什么现象发生？

解谜题

用什么可以解开所有谜题？

喝酒

有半瓶酒，瓶口用软木塞塞住，不准敲碎瓶子，不准拔去木塞，不准在塞子上钻孔，怎样喝到瓶子里的酒？

喝饮料

满满一杯饮料，怎样才能先喝到杯底的饮料？

走大门

幼儿园放学了，但却没有一个小朋友从大门出去，是怎么回事呢？

两座桥

一条河上有两座桥，一高一低，为什么高的一年被淹两次，低的却只被淹一次？

可怜的司机

一辆出租车在公路上正常行驶，并且没有违反任何交通规则，却被一个警察给拦住了，请问为什么？

开门

小张被关在一间没有上锁的房间里，可是他用尽力气也不能把门拉开，这是怎么回事？

第一件事

早晨醒来，每个人都会去做的第一件事是什么？

抽烟

老吴每天抽两包烟，他的老婆逼他减少一半的量，于是老吴把一天分成两段时间，每次吸烟的时间间隔与过去相同，事实上，老吴的烟量却一根也没减少，这是为什么？

边听边猜

小明的老师讲的是什么“语”，同学们还要边听边猜？

跳楼

一个失恋的年轻男子从六层楼高的天桥上往下跳，结果却毫发无伤，这是怎么回事？

吃草

一头牛一年吃3公顷的牧草，现有面积30公顷的牧场养了5头牛，请问：需要多久这些牛才能把这些草全部吃完？

打老虎

有句话说打狗要看主人，那打老虎的看什么？

分马

请你把9匹马平均放到10个马圈里，并让每个马圈里的马的数目都相同，怎么分？

一左一右

两个人住在一个胡同里，只隔几步路，他们同在一个工厂上班，但每天出门去上班，总是一个向左走，一个向右走，为什么？

痛苦的光

什么光会给人带来痛苦？

青蛙跳高

有一只小青蛙不小心掉进了一个洞中，洞的深度是2米。这只青蛙每次只能跳半米高，你知道它几次可以跳出这个洞吗？

可怜的饲养员

有一家动物园死了一头大象，为什么饲养员要抱头痛哭？

高僧与屠夫

一位高僧与屠夫同时去世，为什么屠夫比高僧先升天？

心跳的感觉

怎样才能使人有心跳的感觉?

此为何物

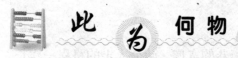

某国国王不但独裁，而且喜欢新的东西。他什么东西一定要先拿到手，而且为了不使自己和其他人同时用相同的东西，甚至谕令子民：“在我买下新东西的一个月内，你们绝对不可以购买该物品。”就这样，其他人只能在国王使用一个月之后，才能购买汽车、洗衣机和冰箱。但唯有一项物品是国王买下之后立刻要求他人快去买的。请问：此为何物呢?

第一部分　观察类智力游戏

六分月牙

答案如图：

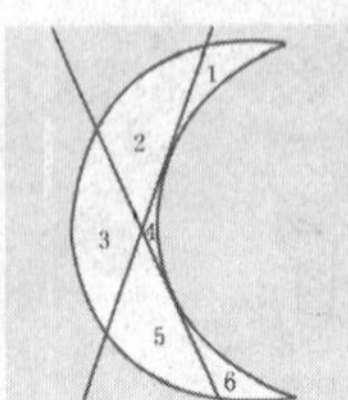

图形组成

答案：

A：1、2、3

B：2、3、4

C：1、4、3

D：1、2、4

谁的路短

答案：如果不考虑街巷的宽度，两个人走的路程一样长。

图形知多少

答案：图1中有40个梯形；图2中有16个正方形；图3中有25个矩形。

上下颠倒

答案：

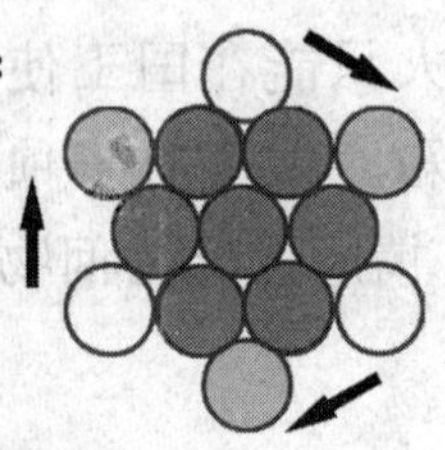

相似图形

答案： B，只添一条直线就与上面的图形相似。

隐藏的数字

答案：3581，7162

不存在的正方形

答案如右图：

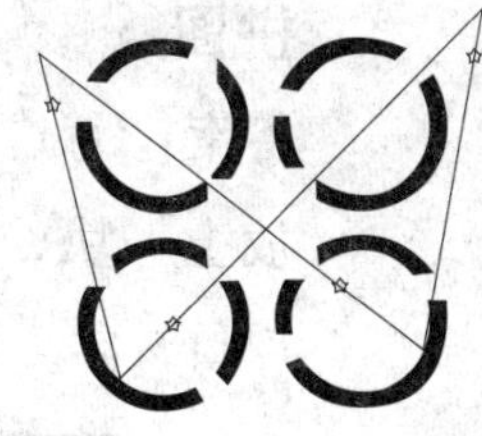

辨别表针

答案：

A：左下是时针，右上是分针；B：左边是时针，上边是分针；C：左上是时针，下面是分针；D：左边是时针，右边是分针。

消失的圆点

答案：人眼存在视觉盲点，仅用左眼盯住X，改变眼睛与纸面的距离，就会发现圆点突然消失。

补缺口

答案：E

相同的立方体

答案：图③

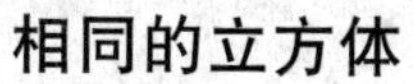

完全吻合的图形

答案：B，如图：

上升还是下降

答案：下降。

黑白字母

答案：Z应该是黑色。因为所有黑色的字母都能用一笔写完，白色的字母不行。

划分数字

答案如图：

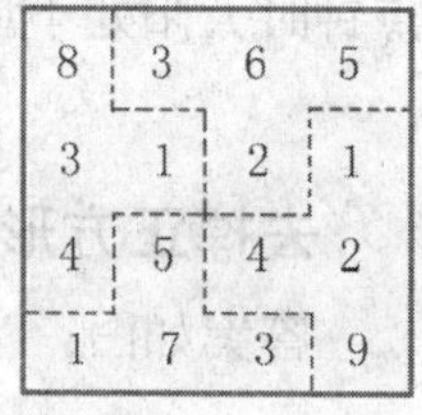

找出不同

答案：⑴e，⑵c，⑶d，⑷a，⑸f，⑹e。

判断图形

答案：C

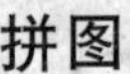

图形识别

答案：C

变成三角形

答案如图：

拼图

答案：每边放置5块纸块，中间再放上一块，便形成了一个白色的“口”字。如图：

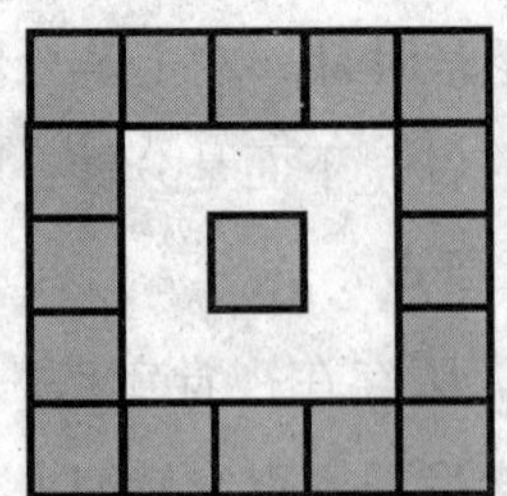

上下颠倒

答案如图：

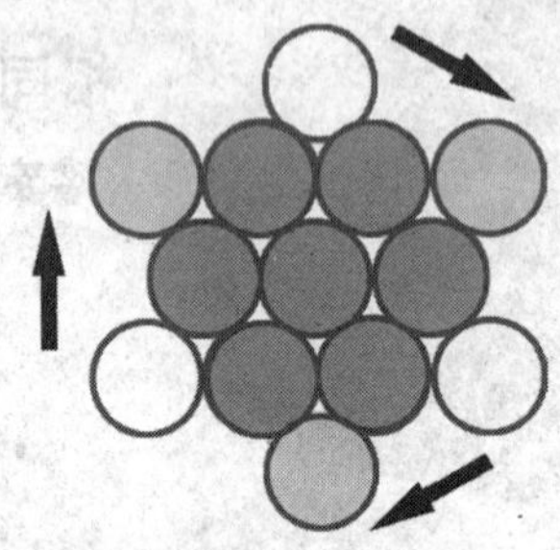

最牢固的门 答案:三角形的稳定性。

相同图形

答案:完全相同的格子是b1，j3，d5。

辨别季节

答案:左图是夏天。因为夏天11点钟时太阳处于屋顶上方，照射进屋里的光线面积小。右图是冬天。

巧妙填数

答案如图：

12 17 10 15
14 19
13 18 11 16 9 20
25 2 23 4 27 6 29 8
26 21
1 24 3 22 5 28 7 30

去掉正方形

答案如图：

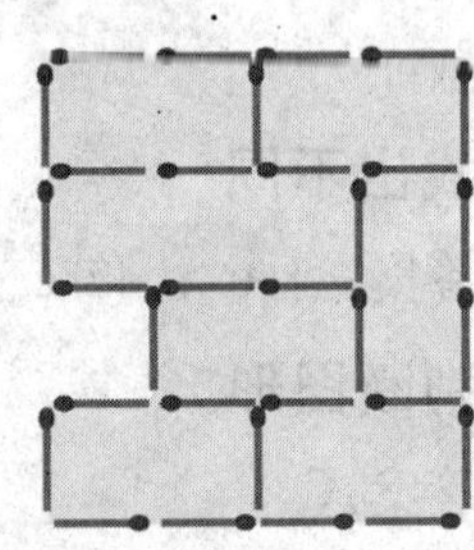

不同的方框　　　　　答案：B

添加六边形

答案如图：

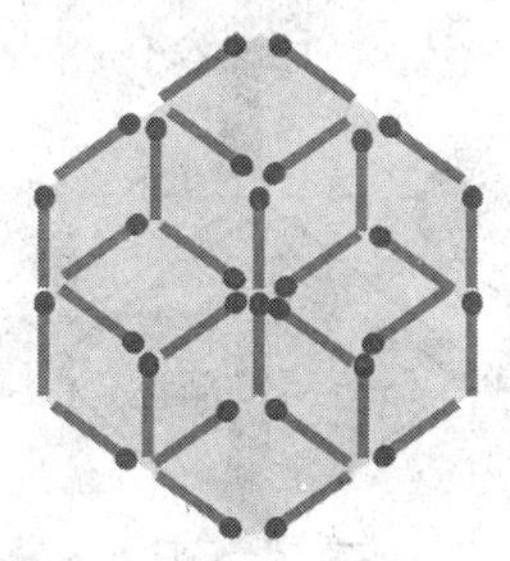

画出正方形　　　　　答案：7个

最长的围栏　　　　　答案：B的围栏最长。

巧拼图形

答案如图：

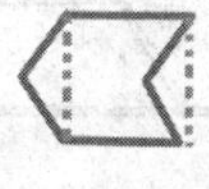  

填入数字　　　　答案：1和9。 因为B+D=E；E-A=C

划掉a

答案如图：

a		a	a	a	
		a	a	a	a
a	a	a			a
a	a		a		a
a	a			a	a
	a	a	a	a	

同一立方体

答案：D图不属于同一立方体。

问号图形

答案：B。正如图1和图2先垂直翻转180°，再顺时针旋转90°，一样，B和图3也具有这样的关系。

扩大池塘

答案如图：

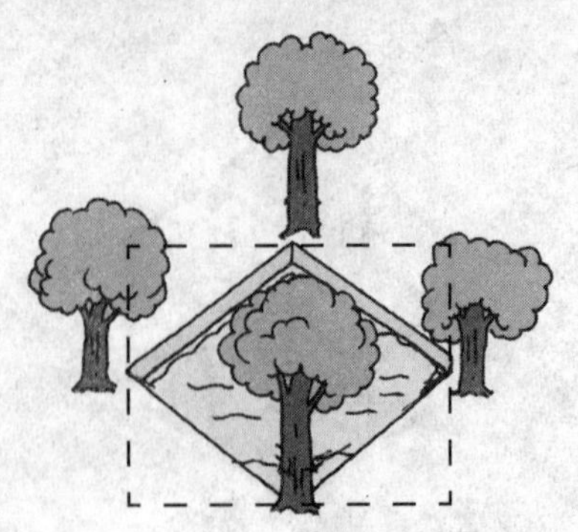

摆正方形

答案如图：

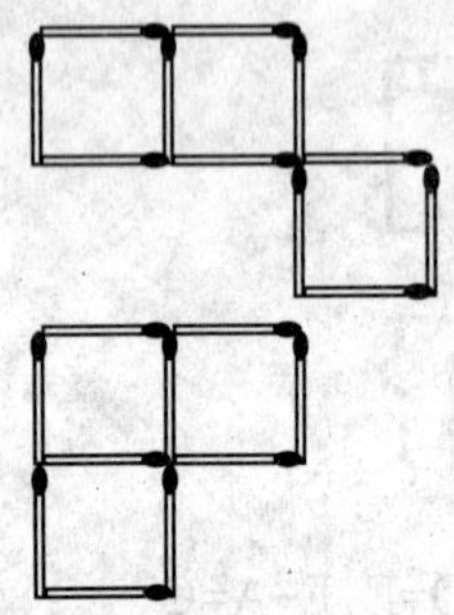

等腰梯形

答案如图：

等式变换

答案如图：

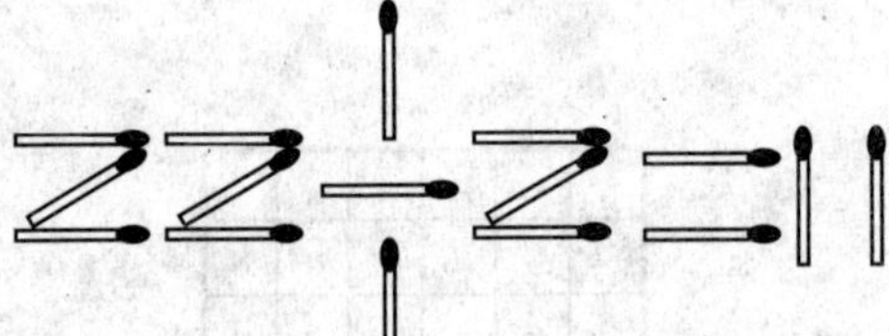

变等式

答案如图：

越变越少

答案如图：

巧变正方形

答案如图：

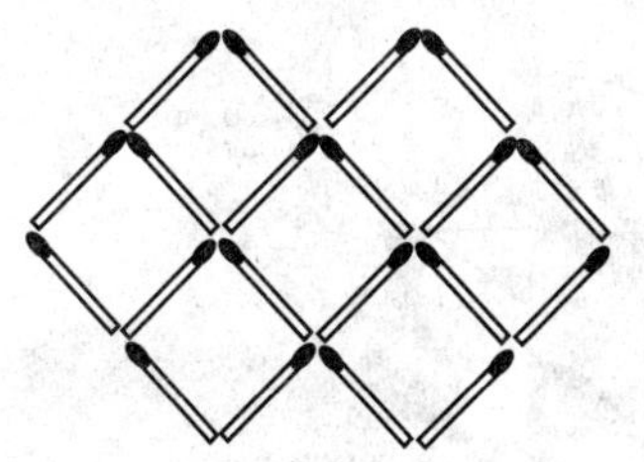

重摆图形

答案如图：

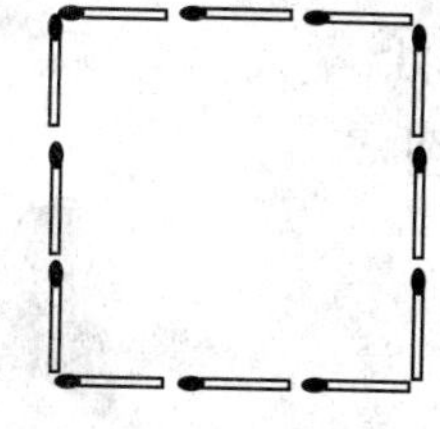

方格内的偶数游戏

答案如图：

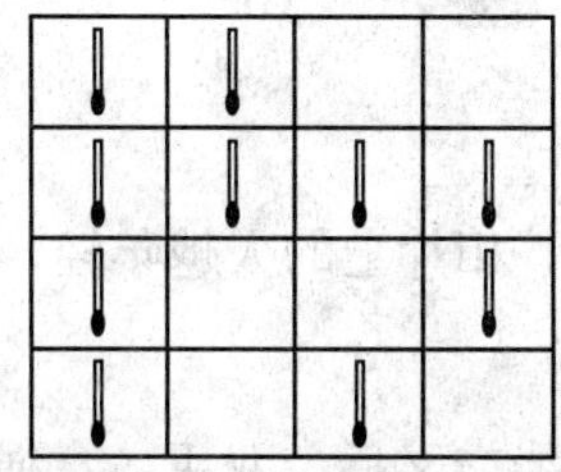

怎样切

答案如图：

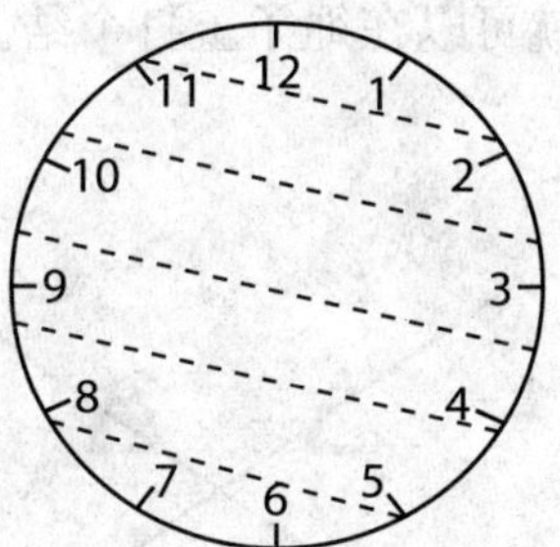

慧眼认星

答案：略

画图案

答案如图：

2：B

4：C

8：C

第二部分 想象类智力游戏

巧摆瓶子

答案如图：

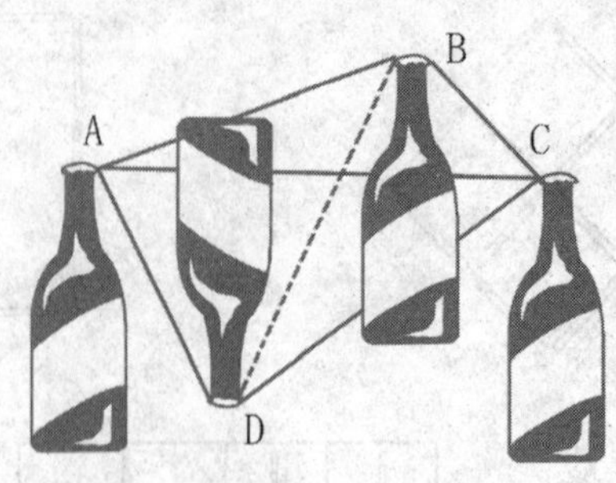

害怕年轻

答案：一个人的相片，相片上的人越年轻，相片则越旧。

巧打绳结

答案：将胳膊相互缠绕交叉后，双手各拿绳子的一端，然后将交叉的两只胳膊伸展开，就可以在绳子上打个结。

巧画直线

答案如图：

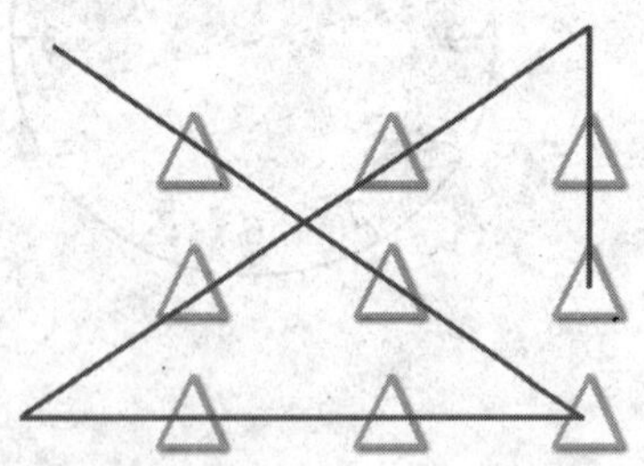

羊有几只

答案：小明有7只羊，小牛有5只羊。

奇怪的算式

答案：在时间上，上午7点钟再加8个小时是下午3点钟。

特色序列

答案：A.13　B.15　C.9　D.5

消失的箱子

答案:因为4年后他长大了，步子也大了。只需要小步走10步就可以挖到小木箱了。

图形转换

答案:B。图中的直线在同一位置变成了曲线，曲线则变成了直线。

巧排杯子

答案:动4只杯子：将2与7、4与9相互交换位置。只动两只杯子：将2和4两只杯子里的水倒进7和9两只空杯里就行。

尽职的士兵

答案：“我没有枪，因为我是一个号兵。”

瞬间移动　　答案:这是他的身影。

入睡秘诀　　答案:因为隔壁房间的人鼾声如雷。

凶手是谁

答案:凶手是猫。猫打破鱼缸，咬死了它们。

巧推数字

答案:每一行数字就是对上一行数字的描述，下一行的数字应该是3 1 1 3 1 2 1 1 1 3 1 2 2 1。

说了什么

答案:王子说：“让我尝一尝，我就可以说出它的名字。”

连接断桥　　答案:以一定距离斜视这幅图。

走不完的线

答案:悟空在八戒鞋底上画了一条线，八戒走了几天才磨完。

奇怪的家庭

答案:是两只手的十根手指。拇指可以和其他手指面对面，其他手指之间却很难面对面。

死亡率最高　　答案:C 医院

怎样看到脸　　答案：两人相对而立。

快速印字

答案：画家把油墨涂在钱币外圈锯齿状部位上，然后朝纸上滚动压去，就能印出许多“1”这个数字。

掉落的花盆

答案：第二个花盆落地时的速度是第一个花盆的4倍，所以第二个花盆应该是从5楼掉下来的。

相映成趣

220除本身外的约数是：1、2、4、5、10、11、20、22、44、55、110，它们的和是284；而284除本身外的约数是：1、2、4、71、142，它们的和是220，正所谓“你中有我，我中有你”。

举动反常

答案：他们正在一座很长的桥上工作，并且路轨旁边没有多余的空间。火车到来时，他们离大桥的一端已经很近了。所以他们可以跑到大桥这一端，然后跳到路边去。

喝汽水　　答案：20+10+5+2+1+1+1=40（瓶）。

哥哥的生日

答案：小刚是在闰年2月29日晚12点前出生的，小强是在3月1日凌晨零点过后出生的，因为每四年才有一次闰年，所以小刚只能每四年才过一次生日。

最快的工具　　答案：地球。

识别图形　　答案：B。

折叠图形　　答案：C，D，F。

填充表格　　答案：4、8。

连通电路　　答案：B。

圆柱体 答案:D。

选择图形

答案:A。每种图形都按照各自固定的顺序转动。

九点相连

答案如图:

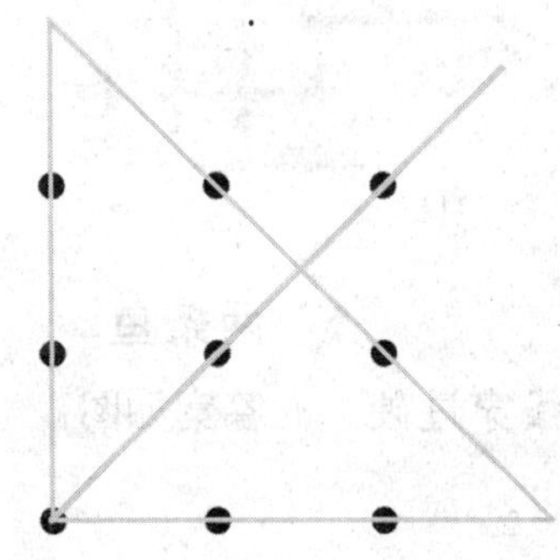

想象旋转

答案:两个360度。

巧分"工"字

答案如图:

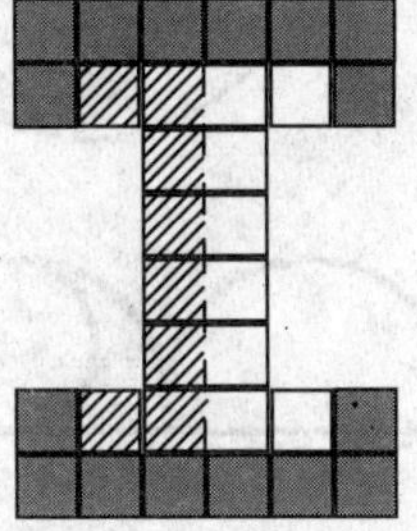

改建球门

答案如图:

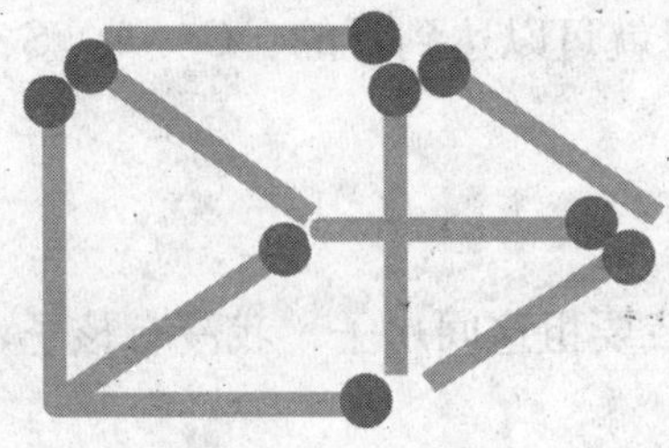

道路畅通

答案：至少要移动2根，如图所示：

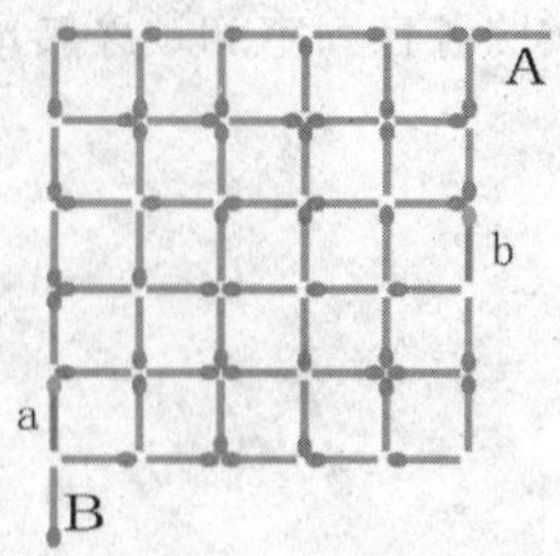

神枪手

答案：子弹沿对角线穿过硬纸板，接触到了4条边。

两条鱼

答案如图：

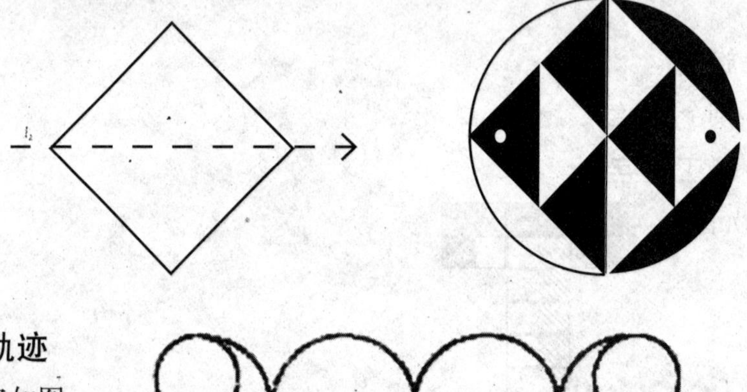

画轨迹

答案如图：

移字母

答案：只需要走8步。两个G哪个作字头都可以。如用下面的G作字头，按下列顺序移动字母就可以达到目的：G、A、S、L、S、A、G、O。

租房的问题

答案：小孩说："先生，我要租这间房子，我没有孩子，我只带来两个大人。"

第三部分 判断类智力游戏

找相同 答案:C和E。

杂志页数

答案:因为第8页之前有7页，所以在第21页之后一定有7页。因此，这份杂志总共有28页。

数字城堡

4	6	11	13
9	15	2	8
14	12	5	3
7	1	16	10

错误变正确

答案:把后面等号上的“—”移动到前面的减号上使等式成立，即62=63-1。

字母数值 答案：A=3 ， B=6 ， C=9。

转动的轮子 答案:6号轮也顺时针转动。

足球 答案:12个正五边形，20个正六边形。

玩具总价

答案:横向、纵向未知数都是11。鸭子=5，彩球=2，风车=4，熊=1，蝴蝶=3。

射弹速度

答案:到达地面的时间是一样的。因为重力加速度与水平速度无关。

最大的数 答案:9的9次方的9次方。

买铁钉 答案:1分的1枚，2分的2枚，5分的1枚。

分果汁

答案:把7个满杯的果汁分别倒一半到7个空杯中。

变出正方形

答案如图:

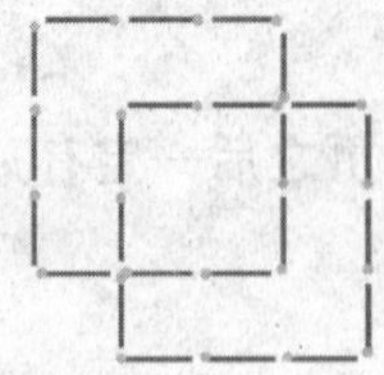

制作模型

答案:如图所示，把纸进行剪裁，沿折叠线把A面向着你折成垂直状，然后把B翻转180°。

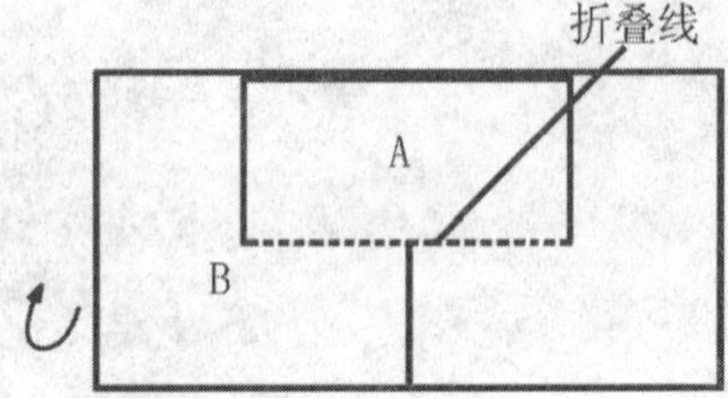

数字金字塔

答案：A=5，B=4，C=15。每一条格子里的数字的乘积等于比它略长一点的格子里数字的乘积的一半。

吃鱼

答案:2条、1条、4条。

排队

答案:站成五角星形状，5个顶点和5个交叉点处各站一个人。

安全降落

答案:这里的海拔高度是1500米，但直升机离地面很近，所以人跳下来没事。

放大镜

答案:还是30°。

物品数量

答案:最少有8名女士同时拥有以上四样物品。

不能跨过的圆珠笔

答案:把圆珠笔放到墙角去。

玩麻将

答案:每人各玩了1小时。

区别字母 答案：F。因为别的都是对称的。

数行人 答案：一样多。

刀切豆腐

答案:可能有4个面，5个面，6个面，或7个面。

释放犯人

答案:那个男的是女犯人在狱中生的孩子。

难写的文章 答案:处女作。

翻转茶杯 答案:无论翻多少次都不可能。

摘掉帽子 答案:理发师。

判断数目

答案:只有6只蜘蛛，蚊子全被吃光了。

水杯中的水壶

答案:继续往玻璃杯中倒水，直到玻璃杯中的水面高出杯子边缘一点点，形成突起的水面，这时壶塞就会慢慢移向玻璃杯的中央。

钟表报时

答案:两针在一条线上时是6点，两针并在一起时是12点，两针成直角时是3点和9点。

抢救名画 答案:抢救离窗子最近的那幅画。

第三长河 答案:仍然是长江。

奇异算法

答案:在时间上可以，上午7时，再过9个小时，就是下午4时。

写字 答案:22次。

安全行车

答案:这是错误的。因为大多数汽车都是行驶在中速上，行驶在高速上的汽车很少，所以事故相对少些。

谁击中了杀手

答案:如果是三人猜对，那么杀手是C击中的，如果有五人猜对，那么杀手是G击中的。

举动反常

答案:他们正在一座很长的桥上工作，并且路轨旁边没有多余的空间。火车到来时，他们离大桥的一端已经很近了。所以他们可以跑到大桥这一端，然后跳到路边去。

三个路标

答案:C城市的路标写的是正确的，B城市的路标写的是完全错误的。

辛苦的服务员

答案:⑴ 14位；⑵ 4位；⑶ 18位；⑷ 7位；⑸ 8位。

来自国外的信

答案:他没有吹牛。因为他游的是死海，死海中所含的盐分很高，几乎是一般海水的7倍，所以浮力很大，人在水中根本就不会下沉。死海比海平面低390米，所以只要下潜一点点，就到海平面以下390多米了。

特别的城镇

答案:他应该选择星期五出门。

第四部分 记忆类智力游戏

补充空白

答案：C。每行的图形不论颜色如何都是顺序重复着的。

记忆填图

答案如图：

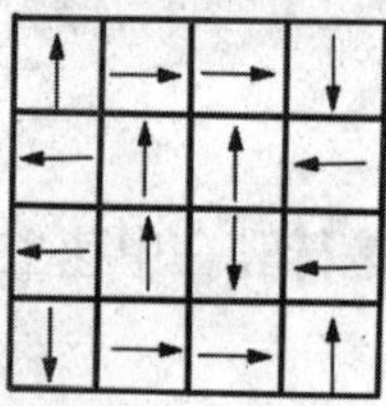

规律推图

答案：B。

记忆图表　　答案：略。

图形推断　　答案：D。

金库密码

答案:例如我们可以用颜色来区分左和右，再以形似的物体来代表数字。

第一步建立颜色识别：例如左是黄色，右是红色。

第二步将数字符号图案化，铅笔1、天鹅2、耳朵3、帆船4、钩子5、烟斗拐杖7、眼镜8、气球9等。

第三步运用连锁法将资料两两相连，如此就可依序记得黄铅笔(左1)插着红钩子(右5)，红钩子上挂着红气球(右9)，红气球绑在黄帆船上(左4)……

选择图形　　答　　　　答案:略。

记忆分辨

选图　　答案：D。　　**组合图形**　　答案：B。

丢失的标记

答案如图：● ◒ ⊙

判断图形　　答案：C。　　**过目不忘**　　答案：略。

翻转扑克牌　　答案：略。　　**推断图形**　　答案：A。

停车次数　　答案：八站。　　**空白电子表**　　答案：E。

记物品　　答案：略。

记手势　　答案：略。

根据回忆填图　　答案：C。

快速记忆1　　答案：类别分别为：服装、军事用品、杂类。

快速记忆2

答案：可以用奇特联想的方法把它们联系在一起：我被气球吊上天空，骑在一颗飞来的导弹上，导弹射出了一个苹果掉在小狗的头上，小狗受惊后像一道闪电似的奔跑，窜过街道，撞在柳树上，死了。这样把八个毫不相干的词就记住了。

巧记词义 答案：略。 **复述数字** 答案：略。

快速记忆3 答案：略。 **巧记词语** 答案：略。

巧记时间

答案：用谐音记忆的方法记为：白求恩一把(18)手术刀救死(90)扶伤，自己却牺牲在三九(39)天。

速记数字

答案：可根据特征记忆法记为：山高等于一年的月份(12)加上一年的天数(365)。

速记成语 答案：略。

速记译码 答案：略。

重复数字 答案：略。

第五部分 分析类智力游戏

散步的字母 答案：C。

排硬币

答案如图：

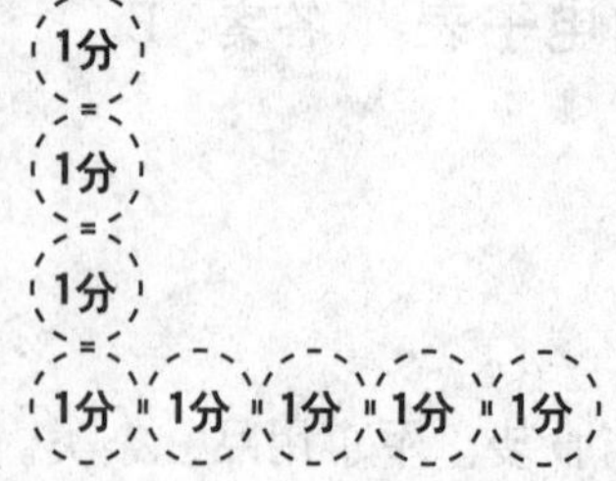

画五环

答案如图：

走出迷宫

答案如图：

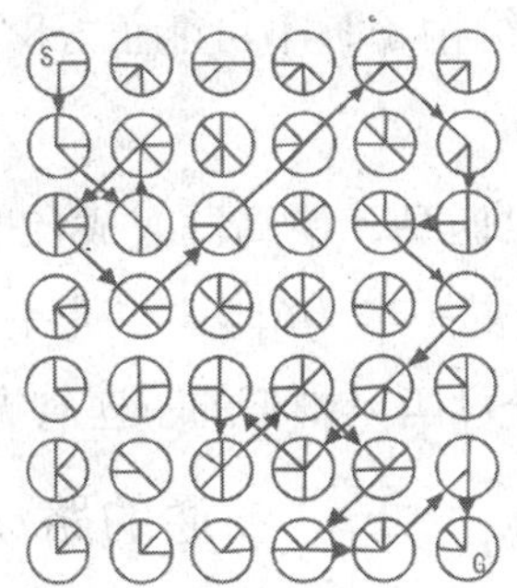

字母变“小”

答案：

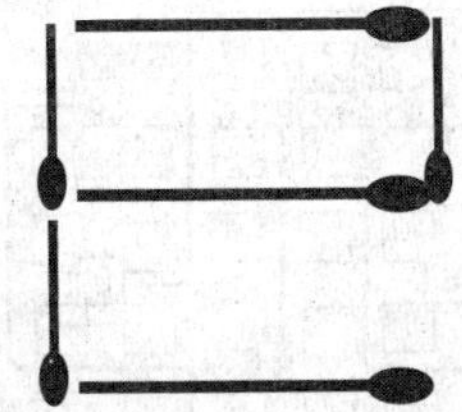

装橘子

答案:只有唯一的一个答案：分别是60、16、6、6、6、6。要保证把100个橘子分装在6个篮子里，不多不少，100的个位是0，所以6个数的个位不能都是6，只能有5个6，6×5=30；又因为6个数的十位上的数字和不能大于10，所以十位上最多有一个6；而个位照上面的分法已占去30个橘子了，所以目前十位上的数字和不能大于7，也只能有一个6，就是60个橘子。这样十位上还差1，把它补进去出现一个16，即：60、16、6、6、6、6。

不一样的时钟

答案:车站的时钟快5分钟或家里的挂钟慢5分钟。

十字标

答案如图，沿虚线锯开。

分帽子

答案：概率为零。因为给帽子时不可能正好8个人给对，1人给错。

分马

答案：智者从自家拉来1匹马，使马群变成12匹，这样员外要求的比例就容易分了，大儿子得一半为6匹，二儿子得$\frac{1}{4}$就是3匹，小儿子得$\frac{1}{6}$为2匹，加起来正好11匹，剩下的一匹智者又带回家了。

穿过森林

答案如图：

畅通的路

答案：如图：

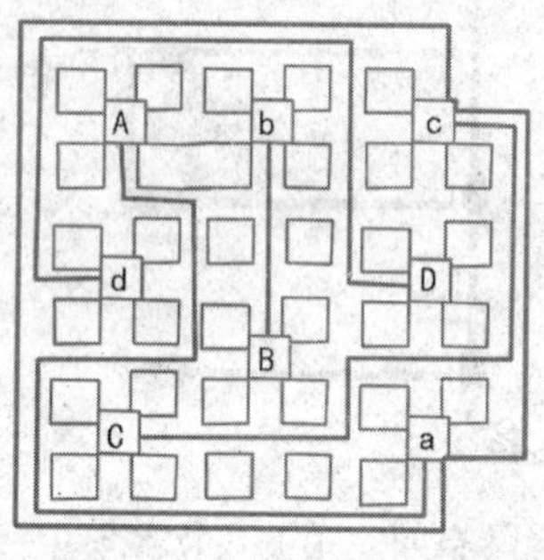

追汽车

答案:追不上。因为汽车开下悬崖后，营救人员还有20米没跑。

不交叉的路

答案如图：

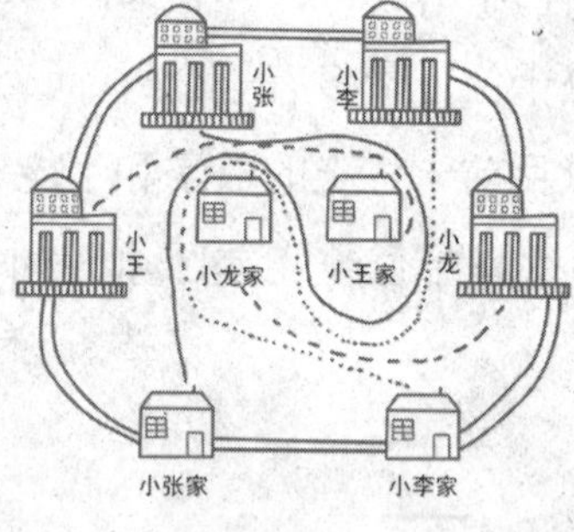

魔法

答案如右图：

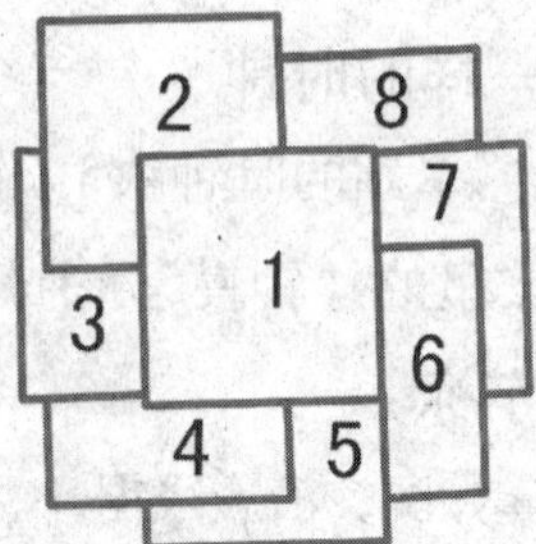

审问囚犯

答案：入口有8个，可是出口只有1个，如图：

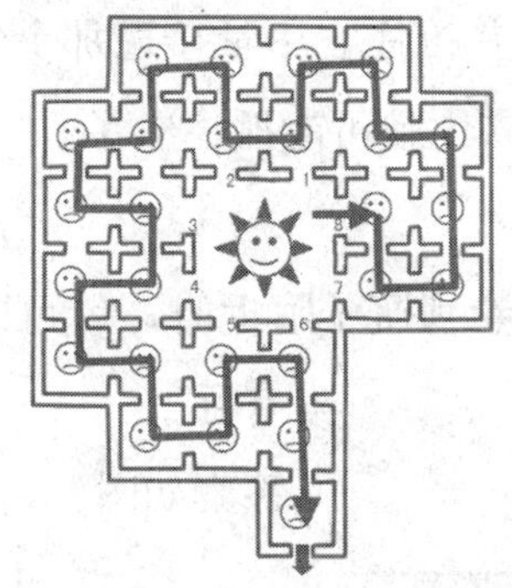

下一个字母

答案：Z。按照26个字母顺序，字母之间相继跳过1，2，3，4，4个字母。

排列骰子

答案：至少移动23次，顺序为abfecabfecabdhgabdhgdef。

正确图形

答案：C。

连星星

答案如图：

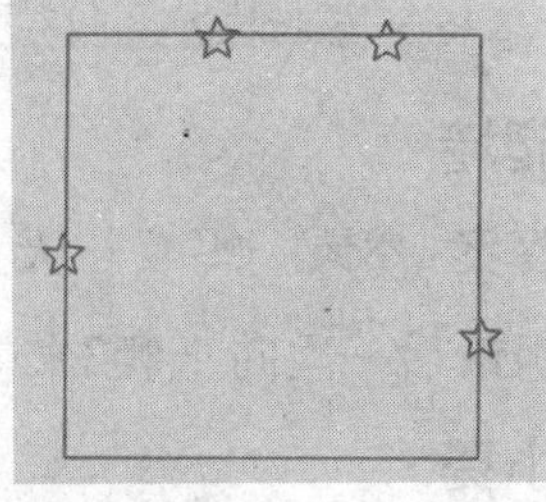

分配钥匙

答案：把一号柜子的钥匙放在二号柜子里面一把，把二号柜子里的钥匙放在三号柜子里面一把，把三号柜子里的钥匙放在一号柜子里面一把。剩下的三把钥匙每个人一把。

多多益善

答案如图：

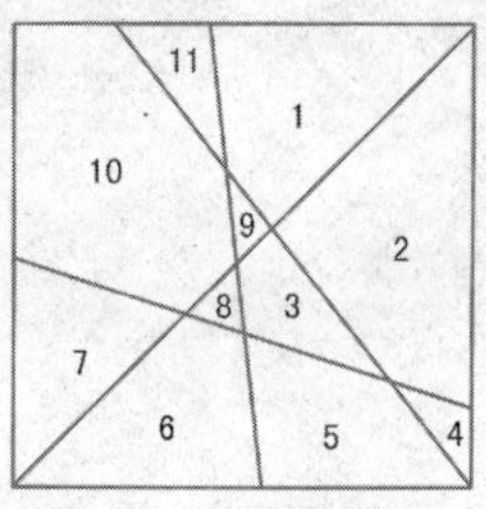

巧妙系绳

答案：把剪刀系在一根绳子的末端，让绳子像钟摆一样摆动。这样，你抓住另一根绳子并拉住它尽量接近那个像钟摆一样摆动的绳子，在绳子摆过来的时候你就可能抓住它了。

智取宝石

答案：把地毯卷起来，卷到瓶子附近时，就可以伸手拿到宝石了。

走迷宫

答案如图：

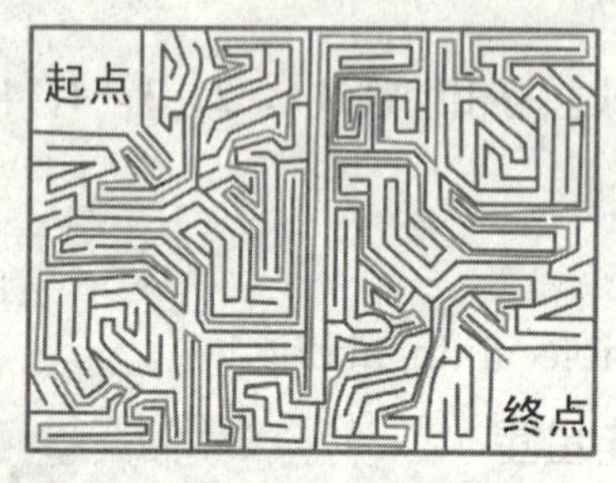

寻宝

答案如图：

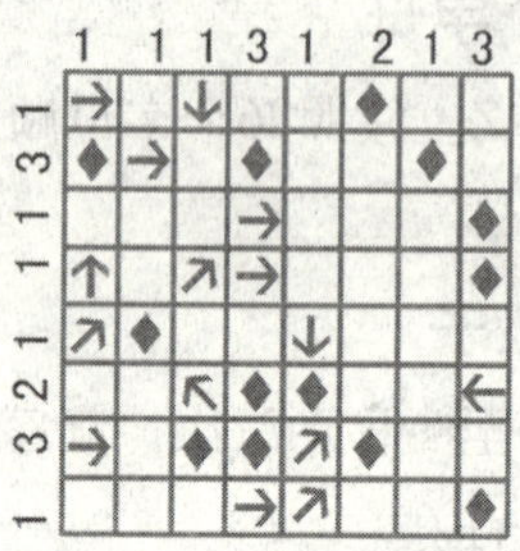

爬墙

答案：8天。蚂蚁一天只能向上爬1米，应爬10天才能够爬到墙头，但最后一次向上爬3米就到墙头了。

小费

答案：总和应为4100。得到5000这个答案的人都是受到了题目中最大数字1000的影响，所以得出错误答案。

切割“n”

答案：

最安全的位置

答案：第一轮中被扔下船的人为1，3，5，7，9，…，599，在第二轮中，被扔下的人是原来报2，6，10，…，598的人，依此类推，最后得到512。

一剪成形

答案如图：

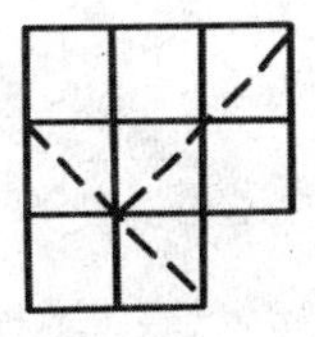

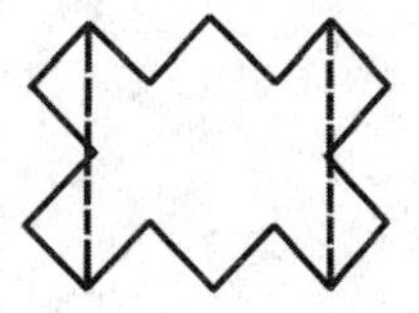

巧妙搭配

答案：有四种搭配方法：

帽子	围巾
红色	紫色
红色	黑色
白色	紫色
白色	黑色

量面积

答案：欲求面积可以将其划分为三角形和长方形，分别求出其面积再求和即可。

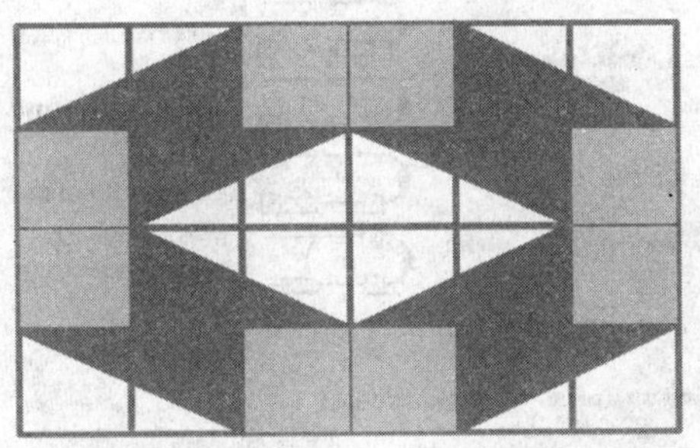

关灯方法　　答案：20种。

贴标签　　答案：D。

端出糕点

答案：用两个盘子有4种方法。用三个盘子有9种方法。

参加座谈会　　答案：120种选法。

付小费

答案：4种付法。20分；10分+10分；10分+5分+5分；5分+5分+5分+5分。

拼成松树

答案如图：

投信

答案：64种。

填上数字

答案：6835。

卸货

答案如图：

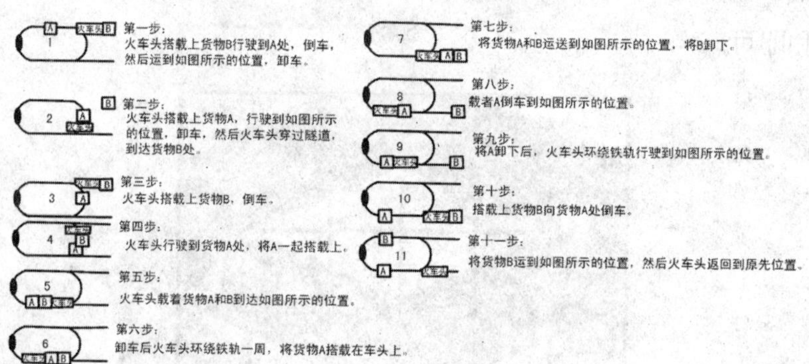

站报纸

答案：在打开的一扇门下放这张报纸，你站在门这边的报纸上，你的朋友站在门另一边的报纸上，你们就可以不碰到对方了。

下蛋

答案：仍然需要8只鸡。

说谎的小狗

答案：狗是色盲，它是不能真切地看出彩虹的颜色的。

运动的乒乓球

答案：将乒乓球垂直向上扔时，球就会在尽头处停住，并转变方向，按相反的轨迹回来。

点火　　　答案：先点燃火柴。

问什么问题

答案：智者问的是“你是这个国家的居民吗？”如果对方回答“是”，那么这个国家是A国，否则是B国。

失误的程序员

答案：左边是犹豫不决的机器人，中间的是说谎话的机器人，右边是诚实的机器人。

第六部分　推理类智力游戏

判断职业　　　答案：A是女护士。

说了什么

答案：王子说的是：“让我尝一尝，我就可以说出它的名字。”

立体图形　　　答案：B。

无法构成　　　答案：A。

展开的纸杯　　答案：B。

不存在的正方形

答案：

判断理由　　　答案：A。

立方体　　　答案：A。

男生女生　　　　答案：女生。

抛西瓜

答案：船会离岸移开。

图形组合　　　　答案：B

最重要的理由　　答案：E。

谁是父子

答案：克劳德是父亲，丹尼斯是儿子。

牌的花色　　　　答案：红桃。

不合规律　　　　答案：D。

装倒的车牌

答案：假设原来车牌上的数字为ABCDE，倒装后数字是PQRST。计算时需要注意的是倒装以后数字的顺序，A倒着看为T，B则为S，以此类推。在阿拉伯数字中只有0、1、6、8、9这五个数倒看仍然是一个数字，因此可以推断出车牌号是10968。

掉落的台球

答案如图：

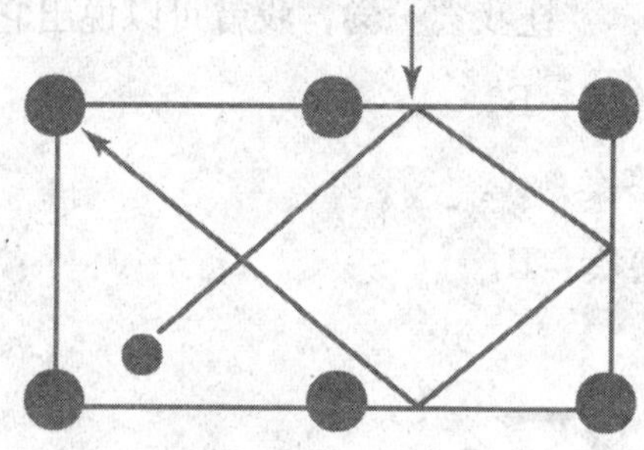

文学夫妻

答案：甲和辛，乙和庚，丙和己，丁和戊。

特殊的时间

答案：A。其他组“分、秒”约为“小时”数的0.74倍。而A：17：12：45→12.45÷17≈0.73。

错误的变化

答案：B。四个方形中的符号应当是从A到D递减，而B却增加了。

嫌疑犯　　　　答案：仅能释放戊。

显示时间

答案：D。时针都位于每个钟表的右半边，分针都位于左半边。

填入问号

答案：E。每行和每列中的菱形都依次沿逆时针方向旋转45°。

完成序列

答案：B。最外层的弧形顺时针旋转90°，中间的弧形顺时针旋转180°，内层的弧形逆时针旋转90°。

朱丽叶的年龄　　　　答案：18。

延续图形

答案如图：

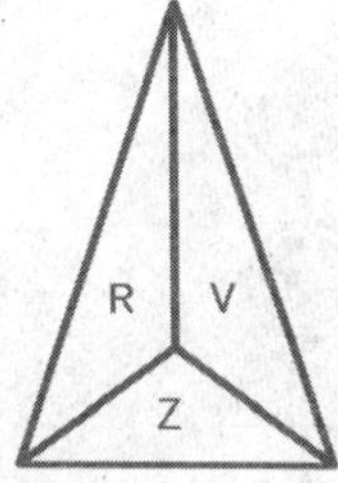

变化的三角形

答案如图：

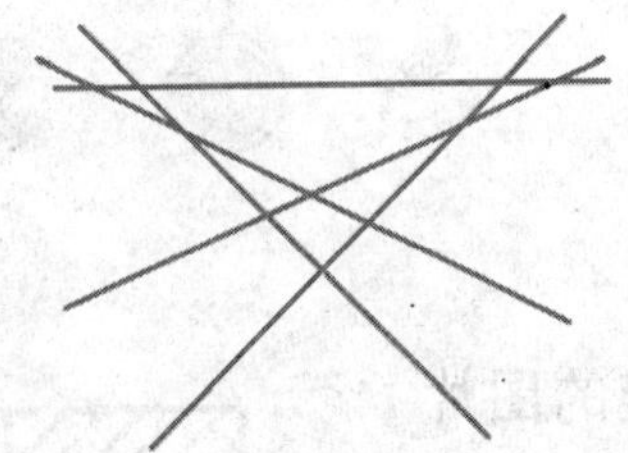

扑克组合

答案如图：

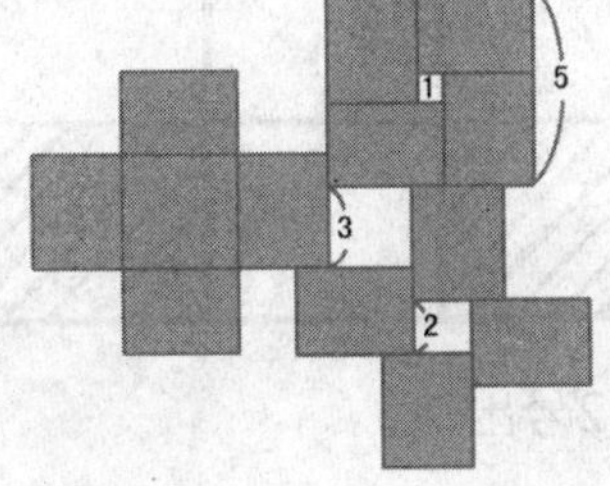

巧填数字

答案：7。每行的中间数字等于左边两数字之差加上右边两数字之差。

一笔画成

答案：能，如图：

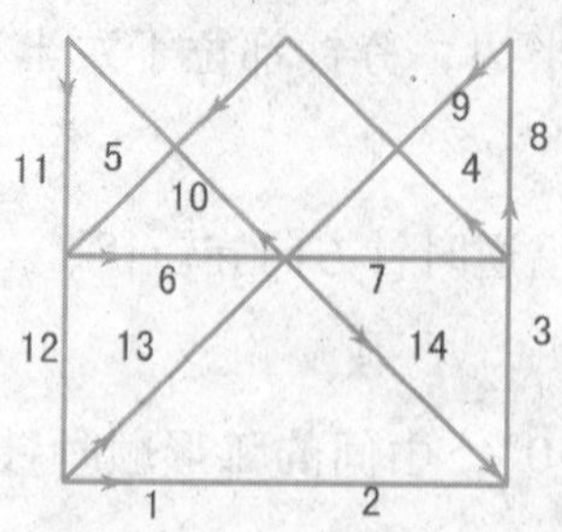

变形的螺旋

答案：如图：

错误的推理　　答案：A。

正确的结论　　答案：D。

移硬币

答案如图：

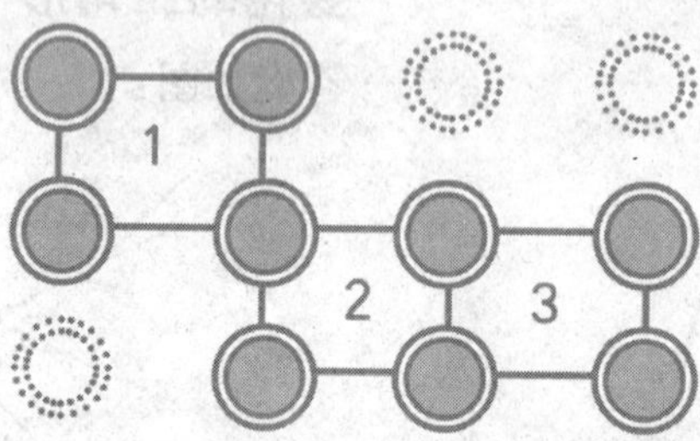

相连的图片

答案如图：

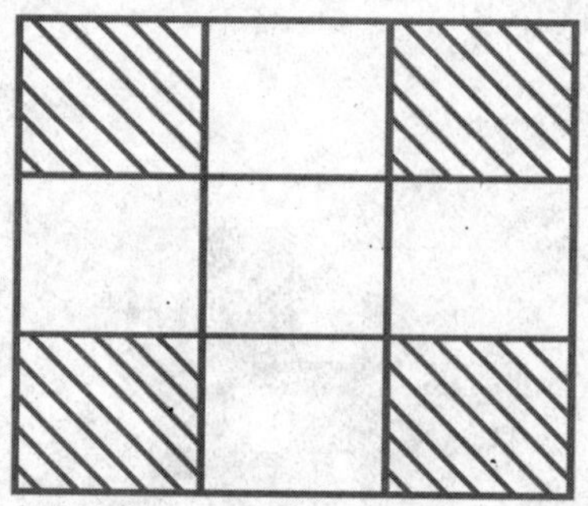

堵羊　　答案：12号出口。

最有可能的贼

答案：小偷最有可能是店里的售货员。他偷走了钻石，并用钻石划开了玻璃。这样做的目的就是转移别人的视线，让人认为是外面的人做的。

三棱柱展开面　　答案：C。

推测日期

答案：星期六。通过观察数字可知，日期每隔七天就循环一次，所以2/9/16/23/30/均为一个星期中的同一天，即星期天，故本月1号为星期六。

图形推理　　答案：D。

第七部分 另类智力游戏

相同的考卷　　答案：两张都是白卷。

她是谁　　答案：妈妈。

遗言　　答案：其实你不懂我的心。

受处分

答案：因为小王是射击运动员，老李是仓库保管员。

招牌砸人　　答案：因为是麦当劳“M”的招牌。

买剪子

答案：盲人会说话，用嘴告诉服务员。

车祸　　答案：这是一辆献血车。

过路费

答案：因为该小汽车是被一辆大货车载着过去的，只需付大货车的过路费就可以通过。

沉船　　答案：他们坐的是潜水艇。

看牙　　答案：因为他是牙科医生。

扔石头　　答案：沉到江底。

解谜题　　答案：谜底。

喝酒　　答案：把木塞推进瓶里。

喝饮料　　答案：用吸管直接插到杯底。

走大门　　　　答案：大门正在检修，所以要走侧门。

两座桥　　　　答案：高的桥在下游。

可怜的司机　答案：因为警察要坐车。

开门　　　　　答案：往外推就可以把门打开。

第一件事　　　答案：睁眼。

抽烟

案：他的划分是以清醒时与睡觉时为准，等于一点没少。

边听边猜　　　答案：谜语。

跳楼　　　　　答案：因为他是演员,正在拍电影。

吃草　　　　　答案：春风吹又生,它们一辈子也吃不完。

打老虎　　　　答案：看你有没有胆量。

分马

答案：把9匹马放到一个马圈里，然后在这个马圈外再套9个马圈。

一左一右　　　　　答案：他们住对门。

痛苦的光　　　　　答案：耳光。

青蛙跳高

答案：因为这只青蛙每跳半米就会掉下去，所以永远也跳不出那个洞。

可怜的饲养员

答案：因为他要给大象挖很大一个坑。

高僧与屠夫　　　　答案：放下屠刀立地成佛。